JN436507

코란과 하디스에 근거한
최초 원료에 대한 파트와 & 할랄 인증 조건과 절차
Fatwa on Raw Materials & Halal Certification Procedure of KMF

이 도서의 국립중앙도서관 출판예정도서목록(CIP)은 서지정보유통지원시스템 홈페이지(http://seoji.nl.go.kr)와 국가자료공동목록시스템(http://www.nl.go.kr/kolisnet)에서 이용하실 수 있습니다.(CIP제어번호: CIP2017022111)

코란과 하디스에 근거한

최초 원료에 대한 파트와 & 할랄 인증 조건과 절차

Fatwa on Raw Materials &
Halal Certification Procedure of KMF

최영길

세창출판사

코란(Holy Quran)

يَـٰٓأَيُّهَا ٱلنَّاسُ كُلُوا۟ مِمَّا فِى ٱلْأَرْضِ حَلَـٰلًا طَيِّبًا
وَلَا تَتَّبِعُوا۟ خُطُوَٰتِ ٱلشَّيْطَـٰنِ ۚ إِنَّهُۥ لَكُمْ عَدُوٌّ مُّبِينٌ

"사람들이여(people)! 지상에 있는 허용된 좋은 것(Halan Tayiban)들을 섭취하되 사탄의 발자국을 따르지 말라. 그는 실로 너희들의 분명한 적이니라." (2:168)

يَـٰٓأَيُّهَا ٱلَّذِينَ ءَامَنُوا۟ لَا تُحَرِّمُوا۟ طَيِّبَـٰتِ مَآ أَحَلَّ ٱللَّهُ لَكُمْ
وَلَا تَعْتَدُوٓا۟ ۚ إِنَّ ٱللَّهَ لَا يُحِبُّ ٱلْمُعْتَدِينَ وَكُلُوا۟ مِمَّا
رَزَقَكُمُ ٱللَّهُ حَلَـٰلًا طَيِّبًا ۚ وَٱتَّقُوا۟ ٱللَّهَ ٱلَّذِىٓ أَنتُم بِهِۦ مُؤْمِنُونَ

"믿는 자들이여(Believer)! 하나님께서 너희에게 허락한 것을 금기하지 말 것이며 범주를 벗어나지 말라. 실로 하나님께서는 범주를 벗어난 자를 사랑하지 아니 하시느니라. 하나님께서 너희에게 허락한 좋은 것(Halan Tayiban)들을 섭취하되 하나님을 두려워하라. 너희는 믿는 신자들이니라."(5:87-88)

하디스와 순나(hadith & sunnah)

"진실로 할랄(halal)이 분명하고 하람(haram)이 분명하며 이 둘 사이에는 많은 사람들이 알지 못하는 의심스러운 것(shubha)들이 있습니다. 이 의심스러운 것들을 피하여 자신의 신앙과 명예를 회복하는 것이요 이것에 가까이하여 빠지면 하람에 빠지는 것과 같습니다. 이것은 마치 목동이 금지구역 근처에 있다가 금지구역 안으로 양들을 몰고 가서 풀을 먹이는 것과 같습니다. 진실로 각자가 각자의 보호구역을 갖고 있듯이 하나님께서도 보호구역을 갖고 계시는데 그것은 바로 그분께서 금지하신 것입니다."(Al-Bukhari and Muslim)

서 문

필자가 1975년 12월 14일 이슬람의 두 번째 성지 사우디아라비아 메디나(본명 al-madinah al-munawwarah; 빛나는 도시) 소재 왕립 이슬람 대학교에서 유학 생활을 시작하면서 코란과 예언자 무함마드의 언행록에 근거한 할랄(halal)과 하람(haram) 그리고 순나(sunnah; 예언자 무함마드의 전통)의 일상적인 이슬람 생활 문화를 경험하게 되었다. 그중에서도 604쪽에 달하는 코란 전체의 분량을 암기해야만 졸업이 된다는 당시의 상황은 필자에게 지옥이나 다름이 없었다. 목표에는 도달하지 못했지만 코란의 내용을 한국어로 옮겨 출간하는 계기는 되고 국내 최초로 이슬람학 박사 학위를 취득하는 동기가 되었다.

1980년 9월에 귀국하여 명지대학교 아랍어과 교수로 재직하면서부터 3가지 할랄 제품 아이디어를 한국 기업에 제안했다. 하나는 전 세계 무슬림들이 코란 암기 및 암송을 보다 쉽게 할 수 있는 전자책 개발에 관한 아이디어였고, 두 번째는 코란의 가르침에 따라 대변을 본 후 그릇에 물을 받아 왼손으로 닦는 대신에 손을 이용하지 않고 씻을 수 있는 비데 제품 아이디어였으며, 세 번째는 할랄 식품에 관한 연구 논문을 통해서 할랄 식품 개발에 관한 아이디어였다. 그런데 이러한 할랄 제품 아이디어 제공은 마치 소귀에 대고 경을 읽는 것처럼 아무런 반응이 없었다. 지금도 크게 다를 것이 없지만 우리는 이슬람 세계와 할랄 문화에 대한 상식이나 지식이 없었을 뿐만 아니라 이슬람의 생활 문화를 잘못 알고 있었기 때문이다.

IMX 벤처기업의 CEO는 미국 연수 중에 이슬람권에 온 CEO들로부터 코란에 관한 정보를 듣고 돌아와 필자의 자문을 받으면서 2001년 6월에 세계 최초로 코란 할랄 전자책 제품이 생산 수출되면서 이윤을 창출하였고 더 나아가 한국 대통령에 의해 한국의 IT기술이 이슬람 세계에 홍보되는 좋은 계기가 되기도 하였다.

이슬람國 정상에 코란전자책 선물

김대통령 '아세안+3' 회의서

김대중(金大中) 대통령이 '아세안+3' 정상회의에 참석한 이슬람 국가 정상들에게 '코란 전자책'을 선물했다. 하사날 볼키아 브루나이 국왕과 메가와티 수카르노푸트리 인도네시아 대통령, 마하티르 빈 모하메드 말레이시아 총리 등 3명이 책을 받았다.

코란 경전을 멀티미디어 전자 단말기에 수록한 코란 전자책은 우리 벤처기업 IMEX(사장 임창수)가 세계 최초로 개발한 것이다. 예언자 모하메드의 언행록과 성지 순례 절차 등 모두 866페이지를 아랍어 자막과 음성 낭송으로 입력했다. 33시간 분량으로 영어 번역문이 첨부됐다.

코란 문양과 글자체는 이슬람 종주국인 사우디의 종교성(省) 산하 코란 출판청이 사용하는 원본을 사용했다. 사우디의 유명한 이맘(예배 인도자)인 알둘 라흐만이 낭송했다. 청와대 정태익(鄭泰翼) 외교안보수석은 "이슬람문화에 대한 관심과 배려를 보여주고 13억 이슬람권 시장에 우리 IT산업의 우수성을 홍보하기 위한 것"이라고 말했다. 테러에는 반대하지만 이슬람 국가와의 우호관계를 계속하겠다는 김대통령의 메시지도 담겨 있다.

반다르 세리 베가완 / 김봉선기자
bskim@kyunghyang.com

출처: IMX 홍보자료

당시 중동에 진출한 한국인들은 무슬림들의 수세식 화장실 문화를 불결하고 비위생적이라고 험담했을 뿐 전 세계 무슬림들은 물론 지구촌 모든 인류의 생활필수품이 될 비데 개발은 꿈조차 꾸지 못했다. 우리는 수세식 변기 화장실 문화가 서구에서 시작한 것으로 크게 잘못 알고 있다. 수세식 화장실 문화는 대변 후 반드시 물로 닦으라는 코란의 가르침에 따라 1천 4백 년 전 아라비아에서부터 시작된 것이다.

할랄 산업은 식품에서부터 건강 기능식품, 한약, 약품, 화장품, 바이오, 식당, 전자 제품에 들어가는 이슬람문화 콘텐츠, 방송 콘텐츠, 관광, 하물며 도계 및 도살까지도 그 분야가 다양하다. 그 중에서도 식품은 공기와 물 다음으로 인간의 생명에 가장 중요한 부분이다. 그래서 필자는 본서에서 할랄 식품 산업의 기준이 되는 코란과 하디스에 근거하여 제1부에서는 샤리아와 이슬람, 제2부에서는 최초 원료에 대한 파트와(fatwa), 제3부에서는 국내 유일의 할랄 인증기관인 KMF의 할랄 인증 조건과 절차, 그리고 제4

부에서는 할랄 식품 제조에 필요한 할랄 식품 첨가물 리스트를 소개하였다.

끝으로 본서가 국내 할랄 산업에 참고가 되고 현재 18억의 무슬림 인구 그리고 몇 년 후에는 다른 종교에 비해 최다 인구를 갖게 될 방대한 이슬람 세계에 대한 한국 할랄 제품 수출에 일조가 되기를 기대한다.

2017년 6월 2일

서재에서

차 례

제1부 이슬람과 샤리아

제2부 최초 원료에 대한 파트와

제3부 할랄 인증조건과 절차

방대한 지역과 거대한 인구를 갖고 있는 세계: 이슬람

18억 인구, 57개국으로 이루어진 거대한 세계

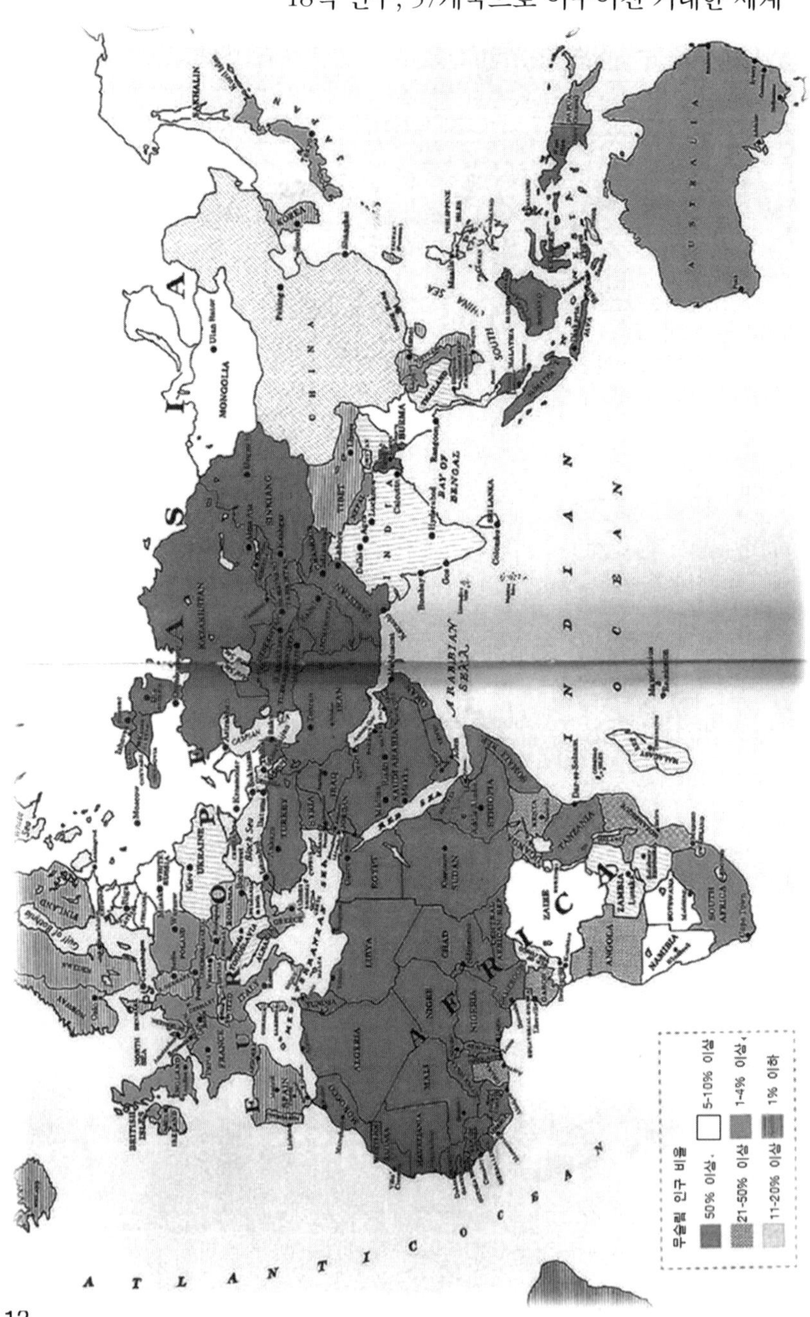

이슬람 세계와 무슬림 인구

인간의 생명을 유지함에 있어 없어서는 안 될 3대 요소가 있다. 공기와 물 그리고 식품이 바로 그것이다. 식품에 대한 수요와 소비는 인구와 정비례한다. 따라서 인구 증가 외에는 식품이나 생활필수품의 수요를 창출할 수 없다. 한국을 비롯한 서구 문화권의 인구는 줄어들고 있다. 그런데 이슬람 문화권의 인구는 지속적으로 증가하고 있다. 2015년 전 세계 무슬림 인구는 18억을 넘고 있으며 2030년이 되면 21억에 달할 것이라는 연구 결과가 보고되고 있다.

무슬림 인구가 크게 늘어날 수밖에 없는 가장 큰 이유는 코란과 예언자 무함마드의 가르침 때문이다. 코란은 남녀의 결혼을 촉구하였고 이에 근거하여 예언자는 결혼과 출산 장려 정책을 펼쳤다. 예언자의 교우(sahaba)들이 성(性)에 대한 금욕 생활이 하나님에게 더 가까이할 수 있는 숭고한 방법이 될 것이라고 생각하고 여성을 멀리하기로 했다는 사실이 알려졌을 때 예언자는 독신주의와 금욕주의를 신랄하게 질타하면서 이슬람 공동체를 번성케 하는 자는 결혼한 사람이며 해가 되는 자는 독신자나 금욕주의자라고 하였다. 국력이 무엇이냐는 제자들의 질문에 예언자 무함마드는 첫 번째도 인구요 두 번째도 인구라고 설파하면서 금욕주의와 독신주의자들은 국력을 허약하게 만들 뿐만 아니라 신국까지 허약하게 만드는 장본인들이라 하였다(이슬람문화, 최영길).

이러한 이유로 이슬람 종교에는 천주교의 신부와 수녀, 불교의 승려처럼 결혼하지 않는 제도가 없다. 이에 더하여 결혼은 신앙의 절반을 완성한 것이라고까지 강조하면서 결혼을 통한 출산 장려 정책을 종교의 일부분으로까지 강조한 것이다. 이런 것들이 급속한 무슬림 인구를 증가시키는 주요 요인들이라 할 수 있다.

> "하나님께서 나를 이 세상에 보낸 것은 신앙생활뿐만 아니라 독신주의나 금욕주의 생활을 가르치기 위해서가 아니라 결혼을 촉구하도록 하기 위해서니 나를 사랑한다면 나의 전통을 따르시오. 그중에 하나가 바로 결혼입니다."

2017년 4월 5일 미국의 여론조사 기관인 퓨리처치센터의 여론조사 결과를 인용한 동년 4월 13일 한국의 종교 신문(The Religions Herald)에 의하면 2075년에 가면 무슬림 인구가 기독교인을 추월해 전 세계에서 이슬람이 세계에서 가장 많은 신자를 보유한 종교가 될 것이라고 하였다. 2010~2015년 전 세계 신생아 중 33%는 기독교 가정에서, 31%는 무슬림 가정에서 태어났다. 그러나 2030~2035년 무슬림 부모에게서 태어날 신생아는 2억 2천 500만 명으로, 기독교인 부모에게서 태어날 신생아 2억 2천 400만 명을 약간 추월할 것으로 예상되며, 2055년~2060년 무슬림과 기독교인 신생아 수는 각각 2억 3200만 명, 2억 2600만 명으로 예상되어 무슬림 부모에게서 태어날 신생아 수가 기독교인 부모에게서 태어날 신생아의 수보다 600만 명 정도 많아질 것이라고 전하고 있다.

이와 같은 무슬림 인구 증가와 더불어 이들은 코란과 예언자 무함마드의 언행록을 현세의 일상적인 생활 문화 및 내세를 위한 종교적 지침서로 철저히 준수하며 일생을 살아가고 있다는 것이 바로 할랄 관련 제품 수요를 크게 창출할 것이라는 전망이다.

종교평화를 선도하는 신문

NEWS LETTER

종교신문

The Religions Herald

2017년 4월 13일

발행처 종교신문 발행인 이현영 편집인 홍윤종 전화 02-2274-1971 Email jknewskr@naver.com http://jknews.kr 등록번호 서울 아 03128 창간일 2014년 5월 1일

1. “이슬람, 2075년에 세계 최대 종교된다”

2075년이면 무슬림 인구가 기독교인을 추월해 전 세계에서 이슬람이 가장 많은 신자를 보유한 종교가 될 것이라는 조사 결과가 나왔다.

미국의 여론조사 기관인 퓨리서치센터는 지난 4월5일(현지시간) "20년 내 무슬림(이슬람교) 부모에게 태어난 신생아 수가 기독교인 부모에게서 태어난 신생아 수를 따라잡을 것이다"며 이같이 밝혔다.

조사에 따르면 2015년 기준 전 세계 인구 중 기독교인 비중은 31%로 가장 많았으며, 무슬림은 24%로 뒤를 이었다. 비종교인은 16%, 힌두교와 불교는 각각 15%와 7%로 조사됐다. 2010~2015년 전 세계 신생아 중 33%는 기독교 가정에서, 31%는 무슬림 가정에서 태어났다.

전 세계인의 16%를 차지하는 비종교인들에게서 태어나는 신생아는 전체의 10%로 낮은 편이다. 2055~2060년 신생아의 9%가 비종교인에게서 출생할 것으로 나타났다. 무슬림과 기독교인의 경우 이 비중이 각각 36%, 35%로 이를 합치면 70%를 넘는다.

▲ 대규모 이슬람 순례행사 '하지'

출처: 종교신문 뉴스레터

제1부

이슬람과 샤리아

이슬람의 허용과 금기

1. 야, 이브눌 할랄(ya, ibn al-halal)

필자가 한국의 학교에서 배우고, 한국 문헌을 통해서 접하고, 한국의 언론 매체를 통해서 듣고, 책에서 읽은 이슬람은 예언자 마호멧(Mahomet)가 창시한 회교라는 종교였다.

중국 문헌을 통해서 한국에 소개된 이슬람은 회교(중국의 회족이 믿는 종교)였고 이 회교를 믿는 신자를 가리켜 회교도라 하였으며 서구 문화를 통해서 소개된 이슬람교 신자는 모슬렘(moslem)이라 불렀다. 그리고 이들 회교도와 모슬렘들이 믿는 신은 알라(Allah)였다.

유학 생활을 시작하면서부터 할랄(halal)과 하람(haram) 그리고 순나(sunnah)와 관련한 시련이 시작되었다. 수업 시간마다 모든 교수님들의 입에서는 알라, 무함마드, 이슬람, 할랄, 하람, 순나 등 너무나 생소하고 이질적인 말들이 헤아릴 수없이 튀어나왔다. 당시 이 나라에 진출한 한국인 근로자는 7만여 명에 달할 정도로 많았으나 사우디아라비아 대학교 학부 수업에 들어온 한국인 유학생은 내가 처음이었기에 수업에 들어오는 교수님마다 관심을 갖고 이런저런 질문을 하였다. 그런데 나는 언어의 장벽과 이슬람문화에 대한 무지로 엉뚱한 대답을 하거나 동문서답을 하곤 하였다.

이브라힘이라는 이집트 출신의 아랍어 문법 교수가 질문을 했을 때도 역시 그랬다. 여러 가지 질문에 아무런 대답도 못하자 그 교수는 내가 있는 쪽으로 가까이 다가오면서, '야, 이브눌 할랄'(ya, ibn al-halal)이라고 불렀다. 나는 뒤에 있는 학생을 부르는 것으로 생각하고 뒤를 돌아보았다. 그러자 그 학생이 손가락으로 나를 가리키며 유(you), 유(you)라고 했다. 즉 그 교수께서 나에게 하는 말이라고 하였다.

야(ya)는 상대방을 부르는 호격이라고 알고 있었지만 이브눌 할랄은 외대 아랍어과 4년을 공부하면서 단 한 번도 들어본 적이 없는 생소한 말이었다. 유학 생활을 하면서 그 뜻을 어느 정도 이해할 수 있었다. 이븐(ibn)은 아들, 자식이란 뜻이고 할랄(al-halal)은 하나님께서 허용한 합법적이란 의미였다. 그러므로 이브눌 할랄은 하나님께서 허용한 합법적인 자식이란 뜻이다. 즉 하나님께서 금기(al-haram)한 비합법적인 성관계를 통해서 태어난 어둠의 자식(ibn al-haram; 이브눌 하람)이 아니라는 의미다. 당시의 분위기로 보아 부정한 방법으로 입학한 것도 아니고 정상적인 과정을 통해서 입학한 학생이 엉뚱한 대답을 한다는 그런 느낌이 들었으며 이슬람에 대한 상식이 그 정도냐는 질책이 담긴 의미로 받아들여졌다.

2. 이자와 하람(haram)

그 당시 한국 정부는 정책적으로 저축을 장려하고 국민들로 하여금 저축 운동에 동참하도록 촉구하였다. 이러한 정부의 저축 운동에 모든 직장이 앞장서고 모든 학교가 동참하였다. 저축을 장려하기 위해 각 은행에서는 플라스틱 돼지 저금통을 만들어 나누어 주기도 하고 정부는 매년 전국적으로 저축 왕을 선발하여 표창까지 하면서 저축을 가장 큰 미덕으로 삼았던 시기였다.

한국에서는 돈이 없어 저축을 못했는데 사우디아라비아에서는 여윳돈이 많이 생겨 저축할 수 있는 여력이 되었다. 그곳에 가서야 알았지만, 요람에서 무덤까지 무상교육이었기 때문에 유학 생활비로 준비해 간 돈이 고스란히 남았고 금상첨화격으로 대학으로부터 매달 받는 10만 원 정도의 용돈 그리고 그곳에 진출한 한국인들의 이런저런 사건 사고 처리를 도와주었을 때 수고의 대가로 한국 회사들로부터 받은 액수가 꽤 되었다.

이 돈을 은행에 저금하면 한국처럼 10% 이상의 많은 이자를 줄 것으로 믿고 현지 은행을 찾았다. 은행 창구 직원에게 년 얼마의 이자를 주느냐고 물었다. 그 직원은 반가이 맞아주기는커녕 어느 나라에서 왔느냐고 불쾌하게 물었다. 한국에서 왔다고 대답했더니 그러면 한국으로 돌아가 그곳 은행에 가서 물어보라고 퉁명스럽게 말했다. 그 당시 한국 같으면 저축하려고 온 고객을 왕처럼 대하고 선물까지 주면서 친절하게 안내해 주었을 것이다.

이해할 수 없는 그의 불친절 그리고 이자를 하람(haram)이라고 한 그 은행원의 말이 도저히 이해가 되지 않았다는 나의 불만을, 당시 나의 학습을 많이 도와주고 있던 예멘 출신의 알리(Ali)

선생님에게 털어놓았더니 이슬람은 이자를 금지(haram)하고 있다면서 이와 관련된 코란 구절과 하디스의 내용을 나에게 가르쳐 주었다.

이슬람 은행

"이자를 취하는 자들은 악마가 스침으로 말미암아 정신을 잃고 일어나는 것처럼 일어서면서 상거래를 이자와 같은 것이라고 말하나 하나님께서 상거래는 허락하였으되 이자는 금지하셨느니라. 주님의 말씀을 듣고 이자를 단념한 자는 지나간 그의 모든 과거를 용서받을 것이며 그가 하는 모든 일에 하나님께서 함께하실 것이니라. 그러나 고리대금업으로 다시 돌아가는 자가 있다면 그는 지옥의 동반자로서 그곳에서 영주할 것이니라."(2:275)

"믿는 자들이여, 하나님을 공경하라. 만일 너희들이 믿는 자들이라면 추구하는 이자를 포기하라. 만일 너희가 그렇게 하지 않는다면 하나님과 사도께서 너희에게 경고할 것이며 너희가 회개한다면 원금은 갖되 부정을 저지르지도 말고 부정을 당해서도 아니 되느니라."(2:278-279)

한편 예언자 무함마드의 언행록 하디스는 이자와 이자를 거래하는 자들에 대항하여 전쟁을 선포하면서 이자 수수가 사회에 미치는 위험을 경고하였다.

"이자와 성매매가 한 공동체에 성행하면 그 공동체의 백성들은 하나님의 징벌을 받게 될 것입니다."(Al-Hakim)

대부자에게뿐만 아니라 이자를 주고 돈을 빌리는 자와 기록을 담당한 자 그리고 증인에 이르기까지 그 책임을 묻고 있었다.

"하나님께서는 이자를 취하는 자, 이자를 주는 자, 계약서를 작성하는 자, 계약에 증인이 되는 자 모두를 저주하셨습니다."(Ahmad, Abu Dawood, Al-Nisai, Ibn Majah, and Al-Tirmizi)

3. 수염과 순나(sunnah)

필자는 기숙사 생활을 하며 아침마다 습관적으로 화장실에 가서 용변을 본 후 그곳에 걸린 거울을 보며 수염을 깎았다. 그런데 신기하게도 나처럼 수염을 깎는 학생은 아무도 보이지 않았다. 화장실에서 일을 보고 나오던 학생마다 수염을 깎고 있는 나를 오히려 신기하게 보더니 서로 다른 반응들을 보였다. 그중에는 나를 위아래로 쳐다보는 학생이 있었고, 어떤 학생은 수염을 깎지 말라는 것처럼 보이는 제스처로 둘째 손가락을 꼿꼿이 세워 좌우로 흔들었다. 영어로 "No"라고 말하는 학생, 알아들을 수 없는 아랍어로 무어라고 말하는 학생 등 다양한 반응이었다. 알아듣지 못했고 이해하지 못했던 그 단어는 바로 하람이란 용어였다.

나에 대한 그들의 첫인상이 좋아 보인 것 같지 않았다는 느낌은 받았지만 아무렇지도 않게 넘겨 버렸다. 같은 방을 사용하는 세 명의 동료가 수염을 깎지 말라고 조언했지만 나는 그 조언의 의미를 전혀 이해하지 못하고 보라는 듯이 아침마다 수염을 깎았다.

기숙사 안에 소문이 퍼지기 시작했다. 기숙사 학생 반장이 저녁 시간에 방으로 나를 찾아왔다. 방 동료들에게 나에 대한 배려를 부탁하는 말을 하는 듯싶더니 자신의 긴 수염을 만지면서 내 수염도 그렇게 길러 보라는 제스처를 하는 것 같았다. 그럼에도 나는 계속 수염을 깎았고 이러한 소문은 결국 학생처장에게까지 들어갔다.

얼마 후에 기숙사 사감으로부터 호출이 왔다. 영문은 몰랐지만 다소 긴장이 되었다. 사감은 나를 친절하게 맞아 주었다. 달콤한 홍차를 내놓으면서 한국에 대한 이런저런 질문을 하더니 마지막에는 기숙사 학생 반장이 그랬던 것처럼 자신의 긴 수염을 다듬으면서 수염을 깎는 것은 이슬람 전통(sunnah)에 위배되는 행위라고 했다. 이슬람 대학교에서 이슬람 전통에 위배되는 행위는 당연히 학칙을 위반하는 것과 다름이 없다는 추가 설명이 이어졌다. 수염을 깎는 것이 이슬람 전통에 위배된다는 '교훈'보다는 '학칙'을 위반하는 행위라는 말이 학생 신분의 나에게 강력한 경고의 말로 들렸다.

그때부터 나는 수염을 깎지 않았다. 동료들은 보기가 좋다고 하면서 아직 제대로 잡히지도 않는 나의 짧은 수염을 만져 보기까지 했다. 그렇지만 나는 기분이 무척 좋지 않았다. 우선 다른 사람이 내 턱을 만지는 것이 기분 나빴고, 두 번째는 고양이 수염처럼 보이는 내 얼굴이 너무 싫었고, 세 번째는 갑자기 수염을 기르자 이상하게 바라보는 한국 교민들의 시선이 따가웠기 때문이다. 그 시절 한국은 군사 문화가 지배하던 시기로 남자의 장발 머리를 비롯하여 수염을 기르거나 여학생이 무릎 위로 올라가는 미니스커트를 입기만 해도 경범죄 위반으로 처벌받던 시기였다. 이러한 경직된 문화가 해외 거주 한국 교민들에게도 영향을 미치고 있었다.

방학이 되어 한국으로 돌아갈 때와 학기가 시작되어 사우디아라비아로 돌아올 때 수염 때문에 겪어야 했던 수난은 이루 말할 수가 없었다. 사우디아라비아 공항에 도착하면 가능한 빨리 탑승 수속을 마치고 제일 먼저 찾은 곳은 화장실이었다. 용변을 보기 위해서가 아니라 10개월 정도 기른 수염을 자르기 위해서였다. 준비한 가위로 대강 수염을 깎고 탑승할 때면 혹시 나를 아는 아랍인이 없는지 주변을 두리번거리기도 했다. 그것보다 더욱 힘들었던 것은 방학을 마치고 사우디아라비아로 돌아갈 때다. 잘라 비린 수염을 기르기 위해 얼마 동안 집안에만 꼭 박혀 있어야 했고 김포 국제공항에 나와 탑승 수속을 할 때면 항공사 직원은 여권을 확인하기도 전에 나를 중국인이나 인도네시아 사람으로 착각하고 영어로 말을 하기도 했다.

한국에서 10일 정도 기른 수염이 길면 얼마나 길까! 방학을 마치고 학교로 돌아온 기숙사 동료가 짧아진 나의 수염을 보고 장난 섞인 농담을 했다.

"한국에 가면 수염이 짧아지나 보지? 외국 사람도 한국에 가면 수염이 짧아질까?"

수염을 깎아야만 하는 당시의 한국 문화도 이상했지만 수염을 기르고 다듬어야 한다는 이슬람문화도 처음에는 납득하기 어려웠다. 한국에서는 청년이 수염을 기르면 버릇없는 자로 취급을 받는데 이슬람에서는 왜 수염을 기르는 청년이 예절바른 자로 대접을 받는지가 궁금해졌다. 평소에 나를 너그럽게 보살펴 주신 아브라함 교수님을 찾아가 그 이유를 물었다. 교수님께서는 직접적인 대답을 피하고 내게 되물었다.

"우리가 본받아야 할 인간은 누구라고 생각하지요?"

나와 상관없는 갑작스러운 질문에 대답을 못하고 머뭇거리자 교수님은 이렇게 말씀하셨다.

"선생도 아니고 성직자도 아니지요. 그렇다고 왕이나 백만장자란 말은 더더욱 아니에요. 우리 인간이 본받아야 할 분은 『성경』과 『코란』에 등장한 예언자들뿐이라고 『코란』에 나와 있어요. 인류의 시조 아담을 비롯해 믿음의 조상 아브라함, 모세, 예수, 무함마드 같은 분이에요."

나는 이분들과 수염은 어떤 관계가 있느냐고 물었다. 교수님은 또 대답을 피하고 질문을 하셨다.

"예수님을 아시나요?"

대답하기 쉬운 질문이었다.

"네. 그럼요. 중학교 때부터 3년 동안이나 교회를 다니고 그 교회 소속 기독교 학교에서 공부했거든요."

교수님의 질문은 계속되었다.

"예수님 얼굴에 자비롭게 보이는 수염을 본 적이 없나요?"

수없이 예수님의 초상화를 보아 왔지만 얼굴에 수염이 있는지 여부에 대해 생각해 본 적은 한 번도 없었다. 생각해 보니 예수님의 초상화에 수염이 있는 것 같아 얼떨결에 대답했다.

"예, 수염 있어요."

원하는 대답이 나왔다는 듯이 교수님께서 장단을 맞추셨다.

"그래, 맞아요. 바로 그거예요. 예언자 아브라함도, 무함마드와 다른 예언자들도 수염을 기르고 다듬었지요. 바로 그분들이 우리 모두가 본받아야 할 선생님이라고 했으니 이분들의 모범을 지켜야 되는 것이지요."

그래도 나는 아직 충분한 이해가 되지 않았던지 마음속으로,

'수염 기르는 것까지 본받아야 하나?'

라고 생각하면서,

"한국에서 교회 다닐 때 한 번도 이런 말을 들어 본 적이 없습니다."

라고 말씀드렸더니, 교수님은 다음 말로 끝을 맺으셨다.

"예수님을 구세주로까지 믿는 기독교인이 예수님의 전통을 따르지 않는다면 그것은 크게 잘못된 일이지요. 우리 무슬림은 예수님의 전통을 지키고 있는데 기독교인이 예수님의 전통을 지키지 않는다는 것은, 글쎄 어떻게 말해야 될지…."

예언자들이 수염을 길렀기 때문에 수염을 길러야 한다는 말은 고리타분해 보인다. 또한 오늘날 서구화된 나라에서는 수염을 기른 청소년은 불량스럽게 보는 시각이 있는 것도 사실이다. 그러나 이슬람 사회에서 소년은 수염을 길러야 성인 대접을 받았

다. 청년과 중년의 수염은 위엄과 여성을 유혹하는 상징이고, 노인의 수염은 인생의 어른임을 나타내면서 존경의 대상임을 나타냈다. 우리 선조들도 나이가 들면서 자연스럽게 수염을 기르고 어른으로 대접받았던 시절이 있었다(최영길, 나의 이슬람문화 체험기에서).

4. 이슬람의 기원과 육신오행(六信五行)

이슬람은 예언자 무함마드가 창시한 종교가 아니라 알파요 오메가인 유일신 절대자 창조주 하나님께서 제정한 종교라고 코란은 언급하고 있다. 이 종교가 이슬람 공동체(al-ummah al-islamiyah)의 체제를 뒷받침하는 사상과 이론의 바탕이 되고, 이슬람 공동체의 질서를 유지하는 이슬람법 샤리아(shariah)의 핵심이 되고, 요람에서 무덤까지 현세(現世)를 살아가는 일상(日常) 생활 문화의 지침서가 되고, 현세를 마감하고 내세(來世)로 떠나는 자를 안내하는 종교로 자리 잡고 있다.

예언자 무함마드의 언행록인 하디스는 코란에 근거하며 이슬람에는 여섯 가지 믿음(arkanul iman sitta)과 다섯 가지 실천(arkanul islam khamsa), 즉 육신오행(六信五行)을 언급하고 있다.

❶ 창조주(Allah)에 대한 믿음

존재와 소멸의 원인자이신 한 분의 절대자 창조주 하나님에 대한 믿음이다.

❷ 천사들(Malaikah)에 대한 믿음

가브리엘 천사를 비롯하여 헤아릴 수 없이 많은 천사들의 존재에 대한 믿음이다.

❸ 예언자들과 사도들(Anbiya and Rusul)에 대한 믿음

예언자 아담에서부터 노아, 아브라함, 모세, 예수, 무함마드에 이르기까지 창조주의 택함을 받은 모든 예언자와 사도의 실체에 대한 믿음이다.

❹ 성서들(Kutub)에 대한 믿음

하나님께서 보낸 주신 모든 성서, 즉 아브라함에게 내려진 수흐프(suhf)를 비롯하여 모세를 통해서 소개된 토라(taurah), 다윗을 통해서 소개된 시편(jabur), 예수를 통해서 소개된 복음서 인질(injil), 무함마드를 통해서 소개된 코란에 대한 믿음이다.

❺ 마지막 날(Yaumuaakhir)에 대한 믿음

종말과 그날에 펼쳐질 부활과 심판, 계산에 의한 보상과 벌 등에 관한 믿음이다.

❻ 정명과 운명(Qada & Qadar)에 대한 믿음

창조주께서 정하여 주신 인간을 포함한 모든 피조물들의 정명과 운명에 대한 믿음이다.

이 여섯 가지 믿음에 대한 확신과 코란의 가르침을 실천하는 것이 이슬람의 오행이다.

❶ 믿음의 선서(shahadah)

창조주 하나님의 법을 준수하고, 하나님을 구세주로 받들며, 무함마드는 그분의 택함을 받은 마지막 예언자이자 사도라는 마음의 확신을 밖으로 공표하는 것이다.

❷ 예배(salah)

하나님께서 정해 놓은 시간에 맞추어 하루 다섯 번 메카에 있는 카바(kaba)를 향해 예배를 드리는 것이다.

❸ 이슬람세(zakat)

하나님께서 정해 놓은 세금으로 부채와 생활비를 공제한 순수 소득에서 연 2.5%를 내는 것이다.

❹ 단식(siyam, saum)

이슬람력 9번째 라마단 한 달 동안 새벽 예배(salat al-fazr) 시간이 되었음을 알리는 아잔(azan)이 흘러나오는 순간부터 석양 예배(salat al-magrib) 시간이 되었음을 알리는 아잔(azan)이 흘러나오는 순간까지 음료 및 음식을 먹지 않는 것이다.

❺ 성지순례(hajj)

건강과 여비와 체재비가 가능할 때 일생에 한 번 정해진 기간에 메카로 가서 정해진 순례 의식을 하는 것이다.

사우디아라비아 메카 중심부에 자리 잡고 있는 신성한 예배당이란 의미를 지닌 하람 모스크

5. 우주, 존재케 한 실체가 없는데 존재할 수 있었을까?

인간은 매일 태양을 보며 살면서도 그것이 어떻게 존재하게 되었는가를 별로 숙고하지 않는다. 매일 땅을 일구며 살면서도 지구가 어떻게 존재하게 되었는가를 생각하지 않으며, 매일 저녁 밤하늘을 보면서도 우주가 어떻게 존재하게 되었는가를 상상해 보지도 않는다. 자신의 시조가 누구이고 그 시조는 어떻게 존재하게 되었는가를 돌아보지 않고 일생을 살다가 이 세상을 떠난다.

존재하고 있는 것은 그것을 존재케 한 실체가 있었기 때문에 존재한다는 것이 이슬람의 핵심이요 믿음이며 철학이다. 이 사실은 어느 누구도 부정할 수 없는 영원한 진리일 것이다. 나를 존재

출처: (재) 한국이슬람교(KMF) 실무자 교육자료

케 한 부모가 있었기 때문에 내가 존재하고, 본서를 저술한 집필자가 있었기 이 책이 존재하고 있듯이, 태양과 지구와 달과 헤아릴 수 없는 유성들이 함께하고 있는 우주도 그것을 존재케 한 실체가 있었기 때문에 존재하고 있는 것이다. 그렇게 할 수 있는 실체는 초능력의 절대자가 아니면 불가능하다는 것이 이슬람의 근본 사상이요 그 절대자의 창조로 존재하게 되었다는 것이 이슬람 종교의 핵심적인 믿음이다. 코란은 그 절대자를 시작과 끝이 없이 영원히 홀로 존재하는 유일신으로 정의하고 있다.

"일러 가로되 하나님께서는 한분이시고 영원히 홀로 자존하는 분이시라. 그분께서는 성자와 성부도 두지 않으셨으며 그분께 비유될 수 있는 것은 아무것도 없느니라."(112:1-4)

이처럼 이슬람은 우주의 존재와 인간의 시조를 존재론에서 출발하여 절대자 유일신의 창조론으로 귀결하고 있다.

"그분께서는 6일 동안에 하늘과 지구 그리고 그 사이의 삼라만상을 창조하셨느니라."(25:59)

창조주의 명칭은 각 민족이 사용하는 말과 글 또는 나라말에 따라 서로 다르게 표현되었나. 존재하는 보는 것에 대한 명칭은 그 창조주께서 각 민족의 인간에게 위임하였기 때문이다. 창조주께서 어떤 것을 존재케 하실 때 이렇게 말씀하셨다.

"있어라. 그리하면 존재하느니라(kun. fayakun)."(2:117)

이에 천사들이 창조주에게 피조물들에 대한 명칭을 묻자 인간의 시조인 아담으로 하여금 그 명칭들을 그들에게 가르쳐 주도록 하셨다.

"창조주께서 존재하는 모든 것에 대한 명칭을 인간에게 가르쳐 주셨느니라."(2:31)

그리하여

"인간이 천사들에게 존재하는 것들에 대한 명칭을 알려 주었느니라."(2:33)

이에 따라 영어를 사용하는 민족은 창조주의 명칭을 갓(God)이라고 불렀고 독일어를 사용하는 민족은 고트(Gott)라 하였으며, 한글을 사용하는 한민족은 하나님 혹은 하느님, 그리고 아랍어를 사용하는 아랍 민족은 알라(Allah)라고 하였다. 이와 관련하여 코란은 서로 다른 신이 아니라 동일한 분으로 성서의 백성들(ahl al-kitab; 아흘루 키탑), 즉 유대교와 기독교가 말하는 신과 동일한 분이라고 정의하고 있다.

"성서의 백성들이여, 너희나 우리 할 것이 모두가 창조주 한 분의 말씀을 따라야 하느니라."(3:64)

6. 인간의 시조는 어떻게 존재하였을까?

예언자 무함마드는 밤하늘과의 대화에서 존재에 대한 의문을 갖게 된다. 그가 그런 질문을 마음에 품었다는 것은 코란 이곳저곳에서 많이 발견된다. '저 별은 어디서 왔다가 어디로 가는 것일까? 낮에 사막을 불바다처럼 뜨겁게 달구었던 태양은 어떻게 존재하게 되었을까? 나는 부모가 있어 존재하였지만 나의 시조는 누구이며 어떻게 존재하게 되었을까? 그것을 존재하게 한 실체는 무엇일까?'라는 큰 질문들을 마음속에 품고 있었다.

그가 품었던 이러한 질문에 대한 답을 얻지 못한 그는 오랫동안 고민에 빠지고 그 고민을 풀기 위해 명상에 잠기게 된다. 그런데 그의 나이 40세가 되던 610년에 가브리엘 천사가 명상에 빠져 있는 그에게 나타나 그의 질문에 대한 창조주의 답을 전해 주었다. 모든 인간의 시조는 절대자의 창조에 의해 존재하게 된 아담과 하와의 자손이라는 답이었다. 이와 관련하여 코란은 인간의 창조 과정을 자세히 언급하고 있다.

> "하나님께서 흙으로 아담을 창조한 후부터는 한 방울의 정액이 응혈되게 하여 이를 탄생시키고 그런 다음에는 청년이 되게 하고 그런 다음에는 노인이 되게 하시느니라."(35:11, 40:68, 75:37-38)

예언자 무함마드는 코란에 근거하여 아담과 하와가 창조되는 과정을 자세히 설명하였다.

> "하나님께서 금요일 날 흙으로 사람의 형상을 빚어 말린 다음 그 안에

생명을 불어넣자 그가 눈을 뜨고 귀가 들렸으며 심장이 뛰기 시작했습니다. 그리고 창조주께서는 만물 가운데 인간을 가장 아름답게 만드셨습니다. 금요일은 태양이 떠올랐고 아담과 하와가 땅으로 내려온 날이며 다시 그곳으로 가는 날입니다. 이처럼 금요일은 위대한 날이므로 이슬람의 공휴일이 되었습니다."(Al-Bukhari)

인종에 따라 피부색이 다른 이유도 설명되고 있다. 창조주께서는 천사들을 지구로 내려 보내 빨간, 검정, 하양 삼원색의 흙을 가져오게 하여 배합한 후 인간을 만드셨다. 이러한 이유로 우성과 열성 법칙에 따라 사람의 피부색이 여러 가지로 나타나게 된다. 그래서 아프리카의 흑인은 피부가 검고 유럽의 백인은 피부가 하얗고 동양의 황인은 약간 불그스레한 피부색을 가지고 태어난다.

코란의 아랍어로 아담은 '지구 표면' 또는 '지구 표면의 흙'이라는 뜻을 담고 있다. 아담을 흙으로 빚었기 때문에 창조주께서는 최초의 인간을 아담이라 부른 것이다. 흙을 달이나 화성 같은 다른 행성에서 가져오도록 하지 않고 땅에서 가져오도록 한 이유는 인간을 지구로 보내 자신의 대리자로 지구를 관리하고 다스리도록 하기 위해서이다. 지구의 환경에 적응하기 위해서는 지구의 흙으로 인간을 빚는 것이 가장 이상적이기 때문이다.

모든 인간은 낲스 와히다(nafs wahidah)에서 비롯되었다고 코란은 언급하고 있다. 아담은 원래 양성(兩性)이었으나 하나님께서 그로부터 여자를 분리해 남자와 여자를 따로 두고 둘이 결합해 많은 자손을 두게 했다고 하였다.

"한 몸(nafs wahidah)에서 너희를 창조하였고 거기에서 배우자를 두어 그 둘로 하여금 남자와 여자를 많이 두라 하셨느니라."(4:1)

'낲스 와히다'는 아담이요 배우자는 하와이다. 코란의 모든 아랍어 명사는 남성과 여성으로 분류된다. 낲스(nafs)는 남성 명사이고 와히다(wahidah)는 여성 명사다. 이것이 바로 최초의 인간은 양성을 가진 상태로 창조되었다는 증거다.

다음은 최초의 여성을 창조하는 과정이다. 창조주께서 아담을 잠들게 하고 그의 왼쪽 가슴에 있는 갈비뼈 하나를 뽑아 여자를 만들었다. 아담이 잠에서 깨어났을 때 그의 마음을 끄는 아름다운 한 여자가 옆에 있는 것을 보고 아담이 물었다.

"내가 잠들기 전에는 아무도 없었는데!"

"맞습니다."

"그렇다면 당신은 내가 잠들어 있는 동안에 와 있었습니까?"

"예, 그렇습니다."

"어디서 왔습니까?"

"당신에게서 왔어요. 당신이 잠들어 있는 동안 하나님께서 당신의 가슴뼈 하나를 들어내 저를 만들었어요. 이제 당신이 깨어났으니 저를 당신의 품 안으로 끌어안아 주지 않겠습니까?"

"하나님께서 왜 당신을 창조했습니까?"

"당신과 동침해 자손을 두고 그 자손들로 하여금 당신의 대를 이어가면서 하나님께서 내리신 임무를 수행하기 위해서입니다."

이 말을 듣고 아담은 외롭게 지내고 있던 자신에게 여자를 보내준 하나님께 감사하면서 그 여자를 하와(Hawa)라고 불렀다. 아담 자신은 생명이 없는 흙으로 빚어 창조되었지만 여자는 아담

자신의 몸 안에 살아 있는 세포와 갈비뼈로 만들어졌기 때문에 그녀를 '살아 있는 존재'라는 뜻을 가진 '하와'로 이름 지은 것이다. '아담'이란 이름은 창조주께서 직접 지으신 것이고 '하와'란 이름은 남자가 지은 셈이다. 남자가 임신을 못하는 것은 생명이 없는 흙에서 만들어졌기 때문이고 여자가 새로운 생명을 잉태하고 새로운 생명을 출산하는 것은 아담의 살아 있는 세포로 만들어졌기 때문이다(최영길, 나의 이슬람문화 체험기에서).

7. 왜 인간은 달이나 화성에서 살지 않고 지구에서 살고 있는 것일까?

인간은 왜 달이나 화성에서 살지 않고 지구에서 살고 있을까? 누가 이 질문에 대답을 할 수 있을까? 성경과 코란이 이 질문에 대답을 하고 있다. 인간의 시조인 아담과 하와가 하나님께서 금기하신 선악과를 맛본 죄가 원인이 되어 지구로 추방되어 살고 있다는 성경의 기록과 지구가 만들어졌을 때 천사들의 질문에 대한 창조주의 대답에서 아담을 대리자로 보내겠다는 말씀에 따라 인간이 지구로 내려와 살고 있다는 코란의 기록이 있다. 그러므로 최초의 인간이 창조된 곳은 지구가 아니라 그곳, 즉 천국이었다.

> "그곳으로부터 너희를 창조하여 그곳으로 너희를 돌려보낼 것이니라."(41:21)

지구가 만들어졌을 때 천사들이 창조주에게 저 지구는 누구로 하여금 다스리도록 하겠냐고 묻자 인간을 창조하여 지구로 내려 보내겠다고 대답을 하셨다.

"주님께서 천사들에게 말씀이 있었노라. 내가 지상에 한 대리자를 둘 것이니라."(2:30)

무함마드의 언행록에서도 아담이 하나님의 대리자로 이 땅에 오게 되었다고 하였다.

"이 땅은 푸르고 아름답습니다. 창조주께서는 그곳에 당신의 대리자를 두시고 여러분이 이 땅에서 어떻게 처신하는지 감시하고 계십니다. 그러므로 이 세상의 유혹과 여성의 매력을 조심하시오. 이스라엘 자손들이 겪은 첫 번째 시련은 바로 여성 때문이었습니다."

창조주께서는 아담과 하와에게 땅으로 내려가 그곳에 정착하여 얼마 동안 세상을 즐기며 살라고 하였다. 그리고 죽음을 통하여 그곳으로부터 부활할 것이라고 하면서, 추방될 이블리스는 인간의 적이니 항상 주의할 것을 당부하였다.

무함마드의 언행록에 따르면 아담과 하와가 땅으로 내려왔을 때 천국의 나뭇잎으로 부끄러운 곳을 가리고 있었는데 아담이 뜨거운 태양열로 피부에 상처를 입고 하와에게 그 사실을 이야기하자 가브리엘 천사가 면을 가져왔고 하와가 그것으로 천을 짜서 옷을 만들어 입혔다고 했다. 창조주께서 옷을 주신 목적의 하나는 신체의 부끄러운 곳을 가리는 것이요, 다른 하나는 몸을 장식하고 보호하기 위해서라고 하였다.

"아담의 자손들이여, 너희에게 옷을 내리나니 그것으로 너희의 부끄러운 곳을 가리고 아름답게 꾸밀 것이니라."(7:30)

한편 이블리스는 불신의 죄와 의도적인 불복종 죄로 말미암아 하나님의 저주를 받아 천국에서 추방되었다.

"너는 이곳에서 나가라. 실로 너는 저주받은 자이니라."(15:34)

그리고 그를 추종하고 따르는 자는 모두 지옥에 사는 부류가 될 것이라고 하였다.

"그리고 나는 너와 너를 추종하는 자 모두로 불지옥을 가득 채울 것이니라."(38:85)

창조주께서는 코란에서 일곱 개의 하늘을 창조했다고 했다.

"하나님께서는 일곱층으로 일곱 개의 하늘을 창조하셨느니라."(23:17)

예언자 무함마드는 아담이 지구로 내려오기 전에 지구에서 가까운 첫 번째 하늘에 있었다고 전하고 있다.

"버락(buraq)이라는 하얀 백마를 타고 가브리엘 천사의 안내를 받아 첫 번째 하늘에 들렀을 때 그곳에는 인류의 조상인 아담이 있었습니다. 그의 오른쪽과 왼쪽에 사람들이 있어 그들이 누구냐고 묻자 오른쪽에 있는 사람들은 천국으로 들어갈 자들이고 왼쪽에는 있는 자들은

지옥으로 들어갈 자들이라고 천사가 대답했습니다." [최영길 역, 예언자 무함마드의 언행록(1-3)]

그가 땅에 첫발을 내린 곳은 지금의 메카 카바(kaba) 신전 자리였다. 그곳에 도착한 아담은 이 땅에 무사히 도착했다는 감사의 기도를 올렸으며, 하와가 도착한 곳은 메카에서 가까운 지금의 제다 지역이었다. 아담은 가브리엘 천사의 안내를 받아 메카 부근에서 하와가 있는 곳을 알게 되었다. 그 이후로 이 지역은 아라파트란 이름으로 불리게 되었다.

아담과 하와는 이 동산에서 첫날밤을 보냈다. 이러한 이유로 메카를 찾는 순례자들은 이슬람력 12월 9일 하지(hajj) 기간 중 이 지역에서 하루 밤을 지새우는 의식을 갖는다. 하지는 바로 아라파트에서 체류하는 것(al-hajj arafah)이라고 무함마드가 강조함으로써 순례자가 이 지역을 찾는 것은 순례의 네 가지 필수조건 가운데 하나가 되었다.

손자들이 하와를 잣다(jadda)로 불렀는데 이 말이 지금의 아랍어 단어의 할머니를 뜻하는 '잣다'가 되었으며 사우디아라비아 홍해에 위치한 '잣다'도시의 이름은 하와의 무덤이 이곳에 있다 하여 유래되었다고 하였다. 하와의 무덤은 지금도 사우디아라비아 정부의 관리를 받고 있다. 서구 사람들이 이 명칭을 제다(Jeddah)로 발음하고 표기함으로써 우리에게도 제다로 알려져 있다.

천국에서 아담과 하와는 동침하지 아니하고 한 계곡의 양쪽 가장자리에서 각각 잠을 취했다. 두 사람이 땅으로 내려와 가브리엘 천사가 동침하는 방법을 가르쳐 준 이후부터 동침에 들어갔다. 아담이 많은 자손을 두었다는 이야기가 있지만 코란에는 자손들의 이름이 언급되지 않고 두 자손에 관한 이야기만 소개되고 있다. 그리고 하와는 많은 아이를 출산하였는데 쌍둥이를 출산한 경우도 많았다. 처음에는 카인(Qabil)과 여아 그리고 두 번째는 아벨(Habil)과 여아가 쌍둥이로 태어났다고 했다.

"아담의 두 아들에 관한 이야기를 사실대로 전하라. 두 아들이 각기 제물을 바쳤을 때 하나는 받아들여지고 다른 하나는 받아들여지지 아니했느니라. 그러자 한 아들이 말했더라. 내가 너를 반드시 죽이고 말 것이라. 그러자 다른 아들이 말했더라. 하나님께서는 신앙심이 두터운 자의 것을 받으십니다."(5:27)

아담이 땅에 내려와 처음으로 먹은 음식은 가브리엘 천사가 가져다 준 일곱 개의 밀 낱알을 땅에 뿌려 수확한 밀로 만든 빵이었으며, 그가 입은 최초의 옷은 양털로 만든 줍바(jubbah)였으며 아내 하와도 아담이 양털로 만들어 준 드레스를 입고 머리를 가리는 스카프를 썼다고 했다.

코란은 인간이 지구로 오게 된 것을 하나님의 예정설로 귀결시키고 있다. 하나님께서 천사들에게 대리인을 두겠다고 말씀하셨기 때문이다.

그러자 천사들이 지구를 걱정하는 마음으로 하나님에게 말하기를, 자유의지를 가진 인간이 지구의 주인이 되면 사탄의 유혹에 넘어가 무질서를 초래하고 서로가 서로에게 피를 흘리게 할 것이라고 하였다.

"질서를 파괴하고 살상을 할 인간을 그곳에 두려 하십니까?"(2:30)

이러한 천사들의 염려에도 불구하고 하나님께서는 뜻이 있어 인간을 지구로 보내는 것인데 천사들이 그 뜻을 모르고 있다고 말씀하신다.

"너희가 알지 못하는 것들을 나는 다 알고 있느니라."

창조주께서 인간을 달이나 화성 등 다른 위성으로 보내지 않고 지구로 보내기로 하였다는 또 다른 증거로는 인간을 빚은 흙을 지구에서 가져오도록 한 것이다. 만일 인간을 달로 보내려 했다면 그곳에 적응하기 위해 달의 흙으로 인간을 빚었을 것이고 화성으로 보내려했다면 그곳의 흙으로 인간을 빚었을 것이다. 그런데 지구의 흙으로 인간을 빚은 것은 그곳에 내려갔을 때 그곳의 환경에 쉽게 적응하도록 하기 위한 창조주의 배려였던 것이다.

이처럼 아담과 하와가 지구로 와서 살고 있는 것은 하나님의 말씀을 거역하고 선악과를 따먹은 것이 원죄(原罪)가 되어 천국에서 쫓겨나 지구로 유배되어 살고 있다는 기독교의 이야기와는 달리 이슬람은 코란에 근거하여 창조주의 예정설과 계획에 의해 지구로 내려와 살고 있다는 것이다.

아담과 하와가 천국을 떠나 지구로 올 때는 본래의 모습대로 오지 못하고 변태의 과정을 거쳐 왔다고 했다. 천국의 환경과 지구의 환경이 다르기 때문에 지구의 환경에 적응할 수 있는 상태와 모습으로 변태한 것이다. 아담이 창조되었을 때 그의 키는 60십 디라(dira), 약 34미터의 크기였는데 차츰 차츰 작아졌다고 예언자 무함마드는 설명했다.

“창조주께서 아담을 창조했을 때 아담의 키는 50디라였습니다. 천국에 들어가는 사람은 누구나 아담의 형태를 하고 들어갈 것입니다. 인간의 크기는 아담이 창조된 이래로 계속 줄어들어 왔습니다.” (최영길, 나의 이슬람문화 체험기에서)

샤리아와 정통 4대 법학파

1. 샤리아(shariah: 이슬람법)의 기원과 구성

대다수 종교들이 인간을 창시자로 두고 있다. 부처를 창시자로 둔 불교가 그렇고 예수를 창시자로 둔 예수교 또는 기독교가 그렇다. 이러한 이론에 근거한 서구적 시각에 따라 한국문헌들도 이슬람은 예언자 무함마드가 창시한 종교로 간주하고 있다. 그런데 코란은 예언자 무함마드를 이슬람교의 창시자로 보지 않는다. 이슬람은 창조주 하나님께서 제정한 신법(神法)이자 종교라고 코란이 정의하고 있기 때문이다. 그래서 무함마드를 이슬람교의 창시자로 해석하는 것은 창조주에 대한 모독이자 무함마드를 죄인으로 만드는 하람이 된다.

"이슬람은 하나님께서 제정한 종교이니라."(3:19)

샤리아는 창조주께서 제정한 법으로 현세(現世)의 천국과 내세(來世)의 천국에 이르는 가장 정확하고 가장 빠른 길(道)을 말하며 네 가지 법원(法源)으로 구성되어 있다.

(1) 코란(quran: 경전이면서 실정법)

서력 610년 라마단 달 27일 신성하고 거룩하며 축복받은 밤(lailatul qadr; 라일라툴 까드르)에 첫 계시가 시작된 후 이슬람법의 기원이 되었다. 창조주가 제정한 신법이 피조물인 인간이 제정한 인위법보다 상위법이 되어야 한다는 것이 이슬람의 이념과 정치사상이다. 이것이 바로 이슬람의 종주국이라고 하는 사우디아라비아가 코란을 헌법으로 채택하고 있는 이유이다. 코란은 자구(字句)와 의미(意味) 모두가 신으로부터 온 것이기 때문에 인간의 개입이 허용되지 않는다. 그래서 코란은 오늘날까지 원본 그대로 보존되고 있다. 일점일획도 삭제된 것이 없고, 일점일획도 추가된 것이 없고, 일점일획도 누락된 것이 없고, 일점일획도 대체된 것이 없다. 따라서 코란 헌법은 수정이나 보완이 불가능하므로 헌법을 제정하거나 수정 · 보완하는 국회의 기능이 없다.

(2) 하디스와 순나(hadith & sunnah: 언행록 및 전통)

코란이 샤리아의 일차적 법원이라면 예언자 무함마드의 말씀(qaul), 행위(fiol), 묵시적 인정과 시인(taqdir), 품성(siffa)이 법률 및 시행령으로서 이차적 법원이 되고 있다. 이 네 가지 요소를 일반적으로 하디스(hadith)와 순나(sunnah)라고 부른다.

하디스는 크게 성스러운 언행록(hadith qudsi)과 예언자 언행록(hadith nabawi) 두 가지로 분류된다. 코란의 자구(字句)와 의미(意味) 모두가 신으로부터 온 것이라고 한다면, 성스러운 언행록의 경우 의미는 신으로부터 온 것이나 자구는 인간 무함마드의 언어이며, 예언자 언행록은 의미와 자구 모두가 무함마드 자신이 말한 순수한 인간의 것이다.

언행록과 전통은 무함마드의 가까운 교우들(shabah)에 의해 구전(口傳)되어 오다가 서력 8세기부터 9세기까지 약 200년 사이에 수집·편찬된 것이 오늘날까지 이슬람국가의 법률 및 시행령에 상응하는 법적 효력을 갖고 있다. 그뿐만 아니라 코란과 더불어 이슬람 정치이론과 법학의 원리를 제공하고 있다. 하디스와 순나는 코란의 의미를 이해하는 열쇠이자 이슬람 문화가 보관되어 있는 도서관이다. 영적인 구원이 코란에 있다고 한다면 그곳에 이르는 길과 방법은 하디스와 순나에서 찾는다.

(3) 이즈마(ijma: 합의)

이슬람법 구성의 3번째 법원이다. 코란과 하디스에 정통한 이슬람 학자들을 가리켜 울라마(ulama), 무프티(mufti), 무즈타히딘(mujtahidin)이라고 하는데 이즈마란 바로 이들 이슬람법학자들의 만장일치의 동의를 말한다. 무프티는 주로 통치자에 의해 임명된다. 이즈마에는 의견 합의(ittifaqi al-qauli), 행위 합의(ittifaqi al-fiuli), 침묵 또는 불개입 합의(ittifaqi al-sukuti)의 3종류가 있다.

(4) 끼야스(qiyas: 유추해석)

이슬람법 4번째 법원으로 코란, 하디스 및 이즈마의 가르침을 배운 사람들의 유추해석이다. 끼야스는 다음의 조건을 갖추어야 한다. 공통적으로 적용되어야 하고, 금지 명령의 원인이 분명히 알려져 이해되고 있어야 하고, 결정은 꾸란이나 하디스, 이즈마에 바탕을 두어야 하고, 결정에 이른 것은 꾸란과 하디스에서 이미 선언된 것과 모순되면 안 된다. 끼야스에는 두 종류가 있다. 술은 코란에 취하게 하거나 인간의 정신을 흐리게 하는 것으로 카므르(khamr)란 명칭으로 금기사항으로 되어 있다. 그러므로 아편이나 마약 등 '카므르'에 해당되는 것은 모두 금기사항이 된다. 이를 가리켜 분명한 끼야스(qiyas jali)라 한다. 염소 40마리마다 1마리의 염소를 하나님께 바쳐야 한다는 하디스가 있다. 일부 가난한 사람들에게는 현금이 더 도움이 될 수도 있다. 그러므로 염소 대신에 염소 가격에 해당하는 돈을 줄 수 있다. 이것을 가리켜 숨겨진 끼야스(qiyas khafi)라 한다.

따라서 이슬람법의 전부 및 그 일부가 적용되고 있는 이슬람 국가에서는 법관을 비롯한 판사나 변호사 등 법조계 인사들이 적용하는 법 조항들이 바로 이 네 가지 법원에서 나오고 있다. 이슬람법이 엄격히 적용되고 있는 국가들로는 아라비아 반도에 자리잡고 있는 사우디아라비아, 예멘, 카타르, 아랍 에미리트, 쿠웨이트를 비롯하여 북아프리카의 수단, 리비아 및 그 밖에 이란, 파키스탄 등이 있으며 이집트를 비롯한 그 밖의 이슬람국가들은 이슬람법과 서구의 법을 혼용하여 운영하고 있다.

2. 이슬람의 정통 4대 법학파

하디스의 본문을 해석하는 과정에서 신학자 또는 법학자들간의 견해차이로 네 부류의 정통 법학파가 나오게 되었다. 각 법학파의 명칭은 법학설을 주장한 사람의 이름에서 유래한다.

(1) 말리크 법학파

말리크(Malik ibn Anas)에 의해 창설된 말리크 법학파는 주로 예언자의 하디스 내용에 의존하여 법을 해석한 것으로 보수적이며 북아프리카, 스페인, 쿠웨이트, 바레인의 무슬림들이 주로 이 법학을 준수하고 있다.

(2) 하나피 법학파

하부 하니파(Abu Hanifa)에 의해 창설된 하나피 법학파는 인간의 이성과 견해에 의존하여 법을 해석하였다. 그래서 보다 합리적이고 융통성이 있다. 주로 터키, 파키스탄, 이라크, 요르단, 중국, 러시아, 인도차이나 지역의 무슬림들이 이 법학을 따르고 있다.

(3) 샤피 법학파

샤피(Ibn Idris al Shafi)에 의해 창설된 샤피 법학파는 말리크와 하나피 법학의 중간노선을 채택함으로써 융통성이 있고 보다 개방적이다. 이 견해를 따르는 무슬림들은 주로 말레이시아, 이집트, 이라크, 레바논, 팔레스타인, 인도네시아에 많다.

(4) 한발리 법학파

한발리(Ibn Hanal)에 의해 시작된 한발리 법학파는 예언자의 관습이나 전통인 순나에만 의존함으로써 극히 보수적 경향을 띠게 되었다. 사우디아라비아를 비롯하여 시리아, 레바논에 있는 소수가 이 법학파의 해석을 따르고 있다.

3. 이슬람의 규범

(1) 할랄(halal)

창조주께서 허용한 합법적인 것으로 인간의 내적인 정신생활과 외적인 일상생활에 유익한 것으로 식품, 육류, 화장품, 건강식품, 의약품, 콘텐츠, 경제, 금융 등 모든 분야에 적용된다. 이를 행하면 현세와 내세에서 그에 상응하는 보상과 축복을 받으며 행하지 아니해도 그에 대한 대가를 치르지 않는 것들이다.

(2) 하람(haram)

창조주께서 절대적으로 금지한 것으로 이에 연루되거나 행하는 자는 현세와 내세에서 그에 상응하는 창조주의 벌을 받으며 이에 연루되지 않거나 행하지 않을 경우에는 그에 상응하는 보상과 축복을 받는 것들로 할랄과 반대되는 개념이다.

(3) 슈브하(shubha) 또는 마쉬부흐(mashbuh)

할랄인지 하람인지 불분명하여 정확하게 알 수 없는 것 또는 의심스러운 것들이다. 이에 대한 할랄 혹은 하람 판단여부는 이슬람학자들로 구성된 샤리아 위원회의 해석인 파트와(fatwa)를 따른다.

(4) 마크루흐(makruh)

바람직스럽지 못하거나 징그러운 것으로 제품에 대한 소비자의 반감과 관련된 개념이며 일부 무슬림들이 싫어하는 것들이다. 이에 대한 명확한 할랄 또는 하람 판단 여부는 이슬람 학자들로 구성된 샤리아 위원회의 파트와를 따른다.

할랄란 따이반(halalan tayiban)

1. 하나님이 내린 웰빙식품을 먹고 살라고 했다

창조주는 자신의 존재를 부정하는 사람이나 믿는 자 누구를 막론하고 모두가 우주와 지상에 있는 허용된(halal) 좋은 것(tayiban)을 섭취하라고 말씀하셨다. 믿는 자들로만 제한하지 않고 있다는 점에서 할랄은 모든 인간을 위한 좋은 웰빙식품이라는 것을 암시하고 있다. 무슬림들이라 하지 않고 사람들(people)과 너희(you)라고 말하고 있기 때문이다.

> "하나님께서 하늘에 있는 것과 땅에 있는 것이 인간에게 유익하도록 하셨ㄴ니라."(31:20)

> "사람들이여, 지상에 있는 허용된 좋은 것들을 섭취하라."(2:168)

> "오늘날 너희에게 좋은 것들이 허락되었느니라."(5:6)

"음식으로 허락된 것이 무엇이냐 그대에게 묻거든 하나님께서 허락한 좋은 것들이라 말하라."(5:4)

이 네 절에 근거한 웰빙식품은 우주와 지구촌에 있는 것들 중에서 창조주가 허용한 것(halal)에 좋은 것(tayiban)을 추가하고 있다. 따이반이란 정신건강과 신체건강에 좋은 것으로 현대과학에 의해 질(quality), 영양(nutrious), 안전(safety), 위생(hygienic), 청결(clean or sanitation), 믿을 수 있는 것(authentic) 등이 검증된 것이다. 이 두 가지가 충족된 것이 현세와 내세를 위한 웰빙식품이다. 한편 할랄이지만 따이반이 충족되지 않으면 웰빙식품이라 할 수 없고 따이반이지만 할랄이 아니면 그것은 현세와 내세의 웰빙식품이 될 수 없다는 것을 의미한다. 이와 같이 14세기 전 이슬람 초기에 이미 현세와 내세를 위한 식품안전규정이 시작된 것이다.

허용된 것, 즉 할랄은 창조주께서 금기(haram)한 것과 이슬람에 대한 전문지식이 없는 일반인들이 할랄인지 하람인지 판단할 수 없는 의심스러운 것(shubha)만 제외하면 모든 것이 할랄이다. 이와 관련한 근거는 예언자 무함마드의 언행록(sunna & hadith)에서 찾아볼 수 있다.

"허용된 것 할랄(halal)이 있고 금기된 것 하람(haram)이 있으며 이 둘 사이에 많은 사람들이 알지 못하는 의심스러운 것(shubhah)들이 있습니다. 이 의심스러운 것들을 두려워하고 멀리하는 자는 자신의 종교와 명예를 지키는 자요, 이 의심스러운 것에 빠지는 자는 금기의 하람에 빠지는 자입니다."(Al-Bukhari and Muslim)

다만 생명을 구하기 위해서 또는 질병 치료 목적 그리고 어떤 상황에서 굶주림으로 인한 죽음을 피하기 위해 필요한 양 만큼은 비록 하람일지라도 허용될 수 있다. 그러나 허용될 뿐이지 하람 자체가 할랄이 되는 것은 아니다. 이와 관련한 근거는 코란에서 찾아볼 수 있다.

"그러나 자의가 아니고 어쩔 수 없는 경우 한계를 넘지 않는 분량을 먹었을 때는 죄가 되지 않느니라."(2:173)

"그러나 필요에 의해 불가항력으로 한계선을 넘지 않는 경우는 예외라."(16:115)

허용하고 금기하는 것은 창조주의 유일한 권리이다. 그러므로 인간이 허용을 금기하거나 금기를 허용하는 것은 하나님을 불신하거나 그분과 더불어 사신을 섬기는 것(shirk)과 같은 행위가 된다. 따라서 할랄을 하람으로 유인하거나 위장하는 것은 모두 하람이다.

2. 할랄이 될 수 있는 기본원리는 무엇인가?

이슬람이 확립한 첫 번째 기본원리는 하나님께서 창조한 것들 중에서 허용된 것(halal)과 좋은 것(tayyib) 그리고 그것들로부터 나오는 유익한 것은 본질적으로 인간을 위한 것이다. 창조주께서 내리신 코란(quran)과 예언자 무함마드의 말씀과 전통(hadith &

sunnah)에서 비롯된 분명하고도 확실한 원문(nass)에 의해 금지된 것(haram) 외에는 금지된 것이 없다. 예언자 무함마드의 전통의 경우 원문이 확실하지 않거나 금기사항을 분명하게 입증하는 근거가 제시되지 못할 때는 그 사안은 허용의 원칙이 적용된다. 그래서 이슬람 학자들은 코란에서 어떤 것들에 대한 기본원리와 허용의 가능성을 추출하였다.

"너희들을 위해 이 세상의 모든 것을 창조하신 분은 바로 하나님이시니라."(2:29)

"하나님께서 하늘에 있는 것과 땅에 있는 모든 것이 인간에게 유익하도록 하셨느니라."(31:20)

이슬람에서 금지되고 있는 범위는 아주 작다. 코란이 금지하고 있는 것은 단지 몇 가지에 불과하다. 원문에 하람으로 언급되지 않은 것들은 원칙적으로 할랄 범위에 남게 되며 하나님의 은총 영역에 들게 된다. 살만 알파르시(Salman al-Farsi)의 전언에 의하면 예언자께서 가축의 지방, 치즈, 모피에 대한 질문을 받고서 다음과 같이 대답하셨다.

"하나님께서 그분의 성서에서 허용한 것은 모두가 허용된 것이요 그분께서 금지한 것은 모두가 금지된 것입니다. 그리고 그분께서 언급하지 않은 것은 모두가 그분의 은총으로 여러분을 위해 허용됩니다. 왜냐하면 창조주께서는 어떤 것도 등한시하는 분이 아니시기 때문입니다." (Al-Tirmizi and Ibn Majah)

이와 같이 예언자께서는 질문에 대해 구체적으로 대답하지 않고 허용과 금기를 결정하는 일반원칙을 언급하셨다. 그러므로 하나님께서 금기하신 것이 무엇인가만을 알면 그것으로 충분하다. 왜냐하면 금기로 언급되지 않은 것은 좋은 것으로 허용된 것이기 때문이다. 다음은 이와 관련한 예언자의 말씀이다.

"하나님께서 여러분에게 어떤 의무를 내리셨으니 그것들을 소홀히 하지 마시오. 그분께서 한계를 두셨습니다. 그러므로 그 한계를 넘지 마시오. 그분께서 어떤 것들을 금지하셨습니다. 그러므로 그것들을 행하지 마시오. 그리고 그분께서 언급하지 않은 것은 여러분을 위한 것으로 그것은 그분의 자비에서 나온 것이지 잊거나 부주의로 인한 것이 아닙니다. 그러므로 그것들에 관해 묻지 마시오."(Al-Darqutni)

여기서 강조되고 있는 것은 허용되는 원칙(asl al-ibahah)이 어떤 사물들 또는 어떤 대상에만 국한된 것이 아니라 신앙과 연계되지 않는 생활습관 또는 일상생활 등 인간의 모든 행위와 품행까지 포괄하고 있다. 그러나 창조주께서 금지한 것 외에는 금지나 제한을 받지 않고 허용된다는 것이 기본원칙이다. 이와 관련한 근거는 코란에서 찾아볼 수 있다.

"너희를 위해 하나님께서는 무엇이 금시된 것인지 설명하셨느니라." (6:119)

그러나 신앙생활과 관련된 경우는 다르다. 이 부분들은 오로지 하나님께서 계시한 것에서만 취할 수 있다. 다음은 이와 관련한 예언자의 말씀이다.

"우리의 신앙생활에 관한 새로운 이설(異說; bid'a)은 반드시 거절되어야 합니다."(Al-Bukhari and Muslim)

하나님께서 제정한 종교는 다음의 두 가지가 우선시된다. 하나님 외에는 그 어떤 것도 숭배의 대상이 되어서는 안 되고 그분만을 숭배하고 그분께서 제정한 신법을 따르는 것이다. 자신의 생각대로 신앙생활을 고안한 자는 할랄의 길을 완전히 벗어난 자이므로 그는 완전히 거부된다. 왜냐하면 창조주만이 그분에게 접근하는 방법을 제시하는 권한을 갖고 있기 때문이다.

한편 생활습관과 일상생활에 관한 것은 창조주로부터 유래된 것이 아니라 인간이 만들어서 자신들에게 적용하고 있는 것이다. 창조주는 단지 그것들을 개선하고 중용의 길에 있도록 하거나 세련되게 하여 인간에게 해악이 되거나 피해가 되지 않도록 할 뿐이다. 이슬람의 거장인 이븐 타이미야(Ibn Taymiyyah)는 이렇게 말하고 있다.

"인간의 언행에는 두 종류가 있다. 자신들이 믿는 종교의 가르침에 따른 신앙적 행위가 있고 현실세계에서 일상생활의 필요에 따라 확립된 습관적인 행위가 있다."

이슬람법의 원리원칙에서 보면 신앙행위는 하나님의 명령 혹은 인정에 의해서만 이루어지는 행위이고 인간의 세속적인 관습행위는 현실세계에서 일상생활에 필요한 행위이다. 그러나 생활습관에 관련되어 있는 한 행위는 자유이다. 하나님께서 금지한 것 외에는 그 어떤 것도 제한받지 않는다. 명령과 금기는 그분께서 제정한 것이므로 신앙적 행위는 반드시 이를 따라야 한다.

하디스에 근거하여 법해석을 한 아흐마드(Ahmad bin Hanbal)와 다른 법학자들은 이렇게 말하고 있다.

"신앙행위에 관한 원리원칙은 제한(tawqeef)을 받는다. 말하자면 이것에 관해 하나님께서 이미 코란에 제정해 놓은 것 외에는 그 무엇도 제정되지 않는다. 그렇지 않게 행동할 때는 다음 코란 절이 담고 있는 내용에 위험이 될 수 있다."

"그들은 하나님께서 허용하지 아니한 종교를 만들어 그분과 대등한 거짓 사신들을 두고 있느냐?"(42:21)

그러나 생활습관에 관련되어 있는 행위는 허용된다. 왜냐하면 하나님께서 금지한 것 외에는 그 어떤 것도 제한받지 않기 때문이다. 그렇지 않게 행동할 때는 다음 코란 절이 담고 있는 내용에 위험이 될 수 있다.

"일러 가로되 하나님께서 너희에게 주신 일용할 양식을 생각하여 보았느냐? 너희는 그중에 일부를 금기하고 그중에 일부는 허락하였노라." (10:59)

이 허용(al-afw)은 중요하고 유익한 원칙이다. 일상생활에 필요한 매매(al-bai'), 임대(al-ijarah), 기증 및 기부(al-hibah) 같은 것은 하람이 아니다. 먹는 것, 마시는 것, 옷을 입는 것 등 인간의 일상적 생활에 필요불가결한 것들은 할랄이다. 이슬람법은 이러한 현실적인 것들에 관해 언급하면서 인간에게 해가 되는 것은 금지하고 좋은 것은 실천하도록 하였다. 행하여서 좋지 않은 것, 즉 상품 매매에서 폭리를 취하거나 품질을 속이는 행위 등 혐오스러운 것(makruh)은 충고하여 행하지 않도록 하고 행하여서 좋은 것은 권장하여 행하도록 한다.

이슬람법이 금지하고 있는 것이 아니면 자유롭게 물건을 사고팔며 자신이 원하는 것을 임대하고 차용한다. 그와 마찬가지로 금지된 것이 아니면 자신이 원하는 것을 자유롭게 먹고 마신다. 일부 권장사항이 있고 혐오사항이 있기는 하지만, 이슬람법은 이 혐오사항을 금지사항으로까지 해석하지 않고 허용되는 쪽으로 원리원칙을 삼고 있다. 이 원칙에 관한 내용은 예언자의 교우인 자베르(Jabir bin Abdullah)가 전하고 있는 하디스가 입증하고 있다.

"우리는 코란이 계시되고 있는 기간에 아내와 동침을 하면서 피임을 하기 위해 사정하기 전에 고추를 빼곤 하였습니다. 만일 이러한 행위의 관습이 금지되었다면 코란도 이를 금지하였을 것입니다."

그러므로 만일 코란의 계시가 어떤 것에 관하여 언급이 없었다면 그것은 허용된 것이므로 그것을 행하는 것은 자유라고 그는 결론을 내렸다. 결과적으로 예배와 숭배는 하나님의 명령이 아니면 합법화될 수 없고 그분께서 금지한 것이 아니면 어떠한 행위도 금지될 수 없다는 것이 이슬람법의 원리원칙이다.

3. 허용(halal)과 금기(haram)에 관한 근본원칙

전 세계 이슬람학자연맹 의장인 유스프 끼르디위는 *Halal & Haram in Islam* 이란 그의 저서에서 허용과 금기에 관한 11가지 근본원칙을 제시하고 있다(최영길 역, 이슬람의 허용과 금기).

- 어떤 것들을 허용하는 기본원리
- 허용하는 것과 금지하는 것은 하나님의 유일한 권리
- 할랄을 금기하고 하람을 허용하는 것은 불신행위
- 어떤 것을 금기하는 것은 불결하고 유해하기 때문
- 인간생활은 할랄로 충족되므로 하람은 불필요
- 하람에 도움이 되는 것은 모두 하람
- 거짓으로 하람을 할랄로 분류하는 것은 하람
- 좋은 의도는 하람을 허용하지 않음
- 의심스러운 것은 피해야
- 하람은 누구에게나 금지된 것
- 필요에 의한 것은 예외

이슬람의 두 번째 원리원칙은 금지와 허용을 결정하는 권한이 종교적 또는 사회적 지위에 관계없이 인간에게는 허락되지 않는다는 것이며 오직 인간을 창조하신 주님의 유일한 권한이다. 랍비(rabbi), 교황, 성직자, 왕을 비롯한 국가의 통치자 어느 누구도 어떠한 것을 금지할 권한을 가질 수 없다.

이와 같이 코란과 예언자의 하디스가 분명히 밝히고 있듯이 이슬람 법학자들은 할랄과 하람을 결정할 수 있는 주체는 하나님한 분밖에 없다고 주장하면서 방법은 코란과 예언자의 말씀에 따라야 한다고 주장한다.

"하나님께서는 금지된 것을 너희에게 자세히 설명하였느니라."(6:119)

본 절은 할랄과 하람을 결정하는 것은 인간에게 있지 않다는 것을 확실히 하고 있다. 아무리 학식과 지식이 많고 유추해석(ijtihad)에 대한 능력이 높은 대법관이라 할지라도 할랄과 하람을 결정하는 문제는 멀리한다. 본질적으로 하람인데 할랄, 또는 그 반대의 경우로 해석하여 오류를 범할 수 있기 때문이다.

이맘 샤피(Imam Shafi'i)는 그의 저서 「알움무(al-umm)」에서 아부 하니파(Abu Hanifah)의 교우이면서 대법관이었던 아부 유스프(Abu Yusuf)가 남긴 말을 전하고 있다.

"지식이 풍부한 우리의 스승들은 코란의 해석에 근거하지 않고는 이것은 할랄이요 저것은 하람이라는 말을 피했다."

다음은 무슬림 2세대의 저명인사였던 라비(Al-Rabi ibn Khaytham)가 한 말을 이븐 싸입(Ibn Al-Saib)이 전하고 있는 내용이다.

"이 사람처럼 말하지 마시오. 하나님께서 이것을 할랄로 하셨습니다. 또는 그분께서 이것을 인정하실 것입니다." 그러나 내세에서 하나님께서는 이렇게 말씀하실 것입니다. "나는 이것을 할랄로 만들지 않았으며 그것을 인정하지 않았느니라." 또는 이 사람처럼 말하지 마시오. "하나님께서 이것을 하람으로 하셨습니다." 그러나 내세에 가면 하나님께서 말씀하실 것입니다. "네가 거짓말을 했느니라. 나는 그것을 하람으로 만들지 않았고 그것을 금지하지 아니했느니라."

무슬림 2세대의 저명인사이며 쿠파의 대법관 이브라힘 나키(Ibrahim Al-Nakhi')의 일부 교우들이 그가 그의 동료들에게 한 말을 전하고 있다.

"그들이 어떤 것에 대해 판단을 내릴 때, '그것은 승인되지 않았습니다. 또는 하람 또는 할랄이라고 하지 않고 거기에는 해가 되는 것이 없습니다.'라고 말했습니다. 왜냐하면 하람과 할랄은 너무나 중요하고 큰 것이기 때문이다."

초기 이슬람 법학자들은 코란이나 하디스에 분명하게 알려진 것이 아니면 어떤 것을 하람이라고 절대로 말하지 않았다. 말리크(Malik), 아부 하니파(Abu Hanifah) 및 다른 이맘들도 코란과 하디스에 하람이라고 분명히 언급된 것 외에는 어떤 것에 관하여 하람 혹은 할랄이라고 말하지 않았다고 전해지고 있다.

인간을 창조한 후 인간에게 헤아릴 수 없는 은총을 베푸시는 하나님만이 그분이 보시기에 합당한 할랄과 하람을 결정할 권리를 가지며 그분이 보시기에 적당한 의무와 책임을 부과할 수 있는 권한을 갖고 있다. 그분의 피조물인 인간은 이에 관한 질문할 권리는 물론이거니와 그분을 거역할 권리도 없다. 어떤 것들을 어떤 이유로 할랄과 하람으로 결정하셨지만 그것은 시험을 통한 인간의 행복을 위해서다. 결과적으로 그분께서는 깨끗하고 순수한 것이 아니면 허락하지 않았고 불결한 것이 아니면 금지하지 않으셨다.

어떤 것이 완전히 인간에게 해로운 것이라면 그것은 하람이고 유익한 것이라면 그것을 할랄이다. 만일 하람이 할랄의 양보다 많을 때는 하람으로 간주한다. 이 원리원칙은 코란에서 술과 도박에 관련되어 언급되고 있다.

> "술과 도박에 관하여 물을 때 그대에게 일러 가로되 그 두 가지는 큰 죄악과 인간에게 유용한 것이 있으나 그것의 죄악이 효용보다 크니라."(2:219)

또 다른 이슬람의 원리원칙이 있다. 예를 들어 어떤 금지된 것, 즉 하람이 있을 때 그것이 다른 것에 영향을 미칠 때 후자도 하람이 되는 것이다. 즉 하람 물질에 오염된 것은 하람이다. 이렇게 이슬람은 하람으로 유도하는 모든 수단도 차단한다.

그에 따라 무슬림 법학자들은 하람으로 유도하거나 유인하는 것을 하람으로 결정하면서 그것의 원칙과 기준을 마련하였다. 이와 유사한 원칙이 있다. 하람의 죄는 그것에 개입된 자에게만 적용되는 것이 아니라 그렇게 하도록 물질적으로 또는 정신적으로 동조하거나 협조한 자에게도 확대 적용된다. 공조한 책임이 있기 때문이다. 술을 예로 들면 그것을 마시는 자뿐만 아니라 술을 생산한 자, 유통업자, 대접하는 자, 대접받는 자, 판매자 등 관련자 모두에게 저주가 있을 것이라고 예언자께서 말씀하셨기 때문이다.

> "하나님께서는 할랄이 무엇이고 하람이 무엇인지를 분명히 설명하셨습니다." (Al-Bukhari and Muslim)

"하나님께서는 너희를 위하여 무엇이 하람인지를 설명하셨느니라."(6:119)

그에 따라 분명한 할랄일 경우는 그것을 행하여도 아무런 문제가 없다. 한편 분명한 하람은 선택권이 있는 한 피해야 한다. 그렇지만 분명한 할랄과 분명한 하람 사이에 분명하지 않는 영역이 있다. 이것은 의심스러운 영역이다. 일부 사람들은 어떤 특정 사항이 할랄인지 아니면 하람인지를 결정하지 못하여 혼란을 겪을 수 있다. 그러한 혼란은 의심스러운 증거가 있어 그럴 수도 있고 특정 환경 혹은 의심스러운 문제를 이슬람법에 응용할 수 있는 능력에 관한 의심에서 비롯되기도 한다.

이와 관련하여 이슬람은 하람의 영역에 빠지지 않기 위해 의심스러운 것을 피하는 것을 경건한 행위로 간주한다. 이것은 하람으로 유인하는 모든 통로를 차단하는 것과 유사하다. 이와 관련한 원리원칙은 예언자의 말씀에 근거한다.

"진실로 할랄이 분명하고 하람이 분명하며 이 둘 사이에는 많은 사람들이 알지 못하는 의심스러운 것들이 있습니다. 이 의심스러운 것들을 피하여 자신의 신앙과 명예를 회복하는 것이요, 이것에 가까이하여 빠지면 하람에 빠지는 것과 같습니다. 이것은 마치 목동이 금지구역 근처에 있다가 금지구역 안으로 양들을 몰고 가서 풀을 먹이는 것과 같습니다. 진실로 각자가 각자의 보호구역을 갖고 있듯이 하나님께서도 보호구역을 갖고 계시는데 그것은 바로 그분께서 금지하신 것입니다." (Al-Bukhari and Muslim)

이슬람은 하람의 범위를 최소화하였다. 동시에 하람으로 보는 것에 대해서는 엄격하다. 따라서 하람으로 유인하는 길을 차단한다. 하람으로 유도하는 것 그 자체는 하람이고, 하람을 유발하도록 도와주는 것도 하람이며, 앞서 이슬람의 원리원칙에서 언급했던 것처럼 하람으로 유도하기 위해 합리화하는 것 등도 하람이다.

4. 생명을 구제하기 위한 허용

금기 식품이라 할지라도 인간의 생명을 구하기 위해 섭취하지 않으면 안 될 경우에는 필요한 양만큼은 허용된다. 이와 관련하여 하나님께서는 죽은 짐승의 고기, 피, 돼지고기를 하람으로 언급하신 후 어쩔 수 없이 필요한 경우에는 예외적으로 필요한 양만큼 허용된다고 하셨다.

> "죽은 고기와 피와 돼지고기를 먹지 말라. 또한 하나님의 이름으로 도살되지 아니한 고기도 먹지 말라. 그러나 자의가 아니고 어쩔 수 없이 한계를 넘지 않는 분량을 먹었을 경우에는 죄가 되지 않느니라."(2:173)

코란 네 곳에서 하람 식품이 언급된 후 필요에 의한 예외조항이 언급되고 있다. 이 코란 내용에 근거하여 이슬람법학자들은 "필요는 제한을 없앤다."라는 중요한 원칙을 결정하였다. 그렇지만 하람 음식을 먹지 않으면 안 되는 경우에도 필요 이상으로 먹지 않아야 한다는 조건이 따른다. 이 말은 먹고 싶기 때문에 먹어서도 안 되고, 먹더라도 생명을 구할 정도의 양과 기아의 상태에서 벗어날 정도의 필요한 양만 허용된다는 의미다. 이 조건에서 법학자들은 "허용된 양은 단지 필요한 양이다."라는 다른 원칙을 이끌어 냈다.

제2부

최초 원료에 대한 파트와

최초 원료에 대한 파트와

1. 식물, 농산물, 과일

자연산 식물과 농산물 그리고 과일은 모두 할랄이다. 그러므로 인체에 해로운 위험한 독성이나 마약성분이 들어 있는 식물이라 할지라도 그 독성과 마약성분을 제거하거나 식품제조 과정에서 그 독성과 마약성분이 소멸되면 그 식물을 원료로 한 모든 제품은 할랄이다.

▸ 식물(반하)

반하 식물의 뿌리는 독성을 갖고 있으나 할랄인 생강과 함께 끓이면 반하의 독성이 제거되어 할랄 한약의 치료제가 된다.

▸ 과일(진주배)

독성이 들어 있는 것을 제외한 자연산 과일은 모두가 할랄이다. 그러나 인체에 유해 유무가 의학적으로 판명되지 않은 성장촉진제나 유전자 변형에 의해 재배되었거나 인체에 해로울 정도로 농약이 사용되었거나 돼지 사육장 부근에서 생산된 과일은 의심스러운 것(shubha)이 된다. 그러므로 할랄 과일이 되기 위해서는 이에 대한 파트와가 필요하다.

할랄 진주배 사진

▸ **포 도**

포도는 과일이므로 할랄이다. 하지만 그것에서 생산된 술은 하람이다. 술은 이슬람법의 기본이 되는 코란과 하디스가 술을 하람 식품으로 금기하고 있다.

▸ **인 삼**

두릅나뭇과에 속한 다년생 초목인 인삼의 뿌리를 건조한 것이다. 인삼을 쪄서 건조한 것을 홍삼이라고 한다. 식물에서 기원하였으며, 할랄에서 인정하는 농약의 사용범위 안에 있다면 인삼은 할랄이다.

▸ 동충하초

맥각균과에 속한 진균인 동충하초균이 나방과 곤충의 유충에서 기생하여 자란 자좌와 유층을 건조한 것이다. 곤충에 기생하여 숙주가 되는 곤충은 붉은 동충하초, 매미동충하초, 벌동충하초가 있는데 곤충에서 기원하였으므로 할랄에 적합하다.

▸ 금식된 식물재배

대마초와 같은 하쉬쉬 식물 재배는 물론, 그것을 먹는 것도 하람이다. 사용하는 방법을 몰라 피해가 될 수 있는 것도 하람이다. 담배가 바로 이런 종류에 속한다. 흡연은 하람이다. 그러므로 그것을 재배하는 것도 하람이라는 것이 더 보편적이다. 물론 흡연이 혐오스러운 것, 즉 마크루흐로 분류된다면 담배의 재배도 마크루흐다. 비무슬림에게 판매하기 위해 하람 작물을 재배한다고 말하는 무슬림이 있다면 그것은 변명이 될 수 없다. 왜냐하면 무슬림이라면 누구를 막론하고 하람인 것을 어느 누구에게 퍼트려서는 안 되기 때문이다. 기독교 신자들이나 비무슬림들에게 돼지고기를 팔기 위해 무슬림이 돼지를 양육하는 것도 역시 하람이다. 앞에서 이미 알았듯이 포도 같은 할랄 식품이라 할지라도 그것으로 포도주를 만들 사람에게는 판매 될 수 없다는 것이 이슬람학자들의 파트와다.

2. 물

창조주께서는 물을 모든 생명체의 근원으로 두셨다. 그래서 인간과 동물 등 모든 생명체는 물이 없이 생존할 수 없다.

"물을 모든 생명체의 근본으로 두셨느니라."(21:30)

"하나님께서는 하늘로부터 물을 내리게 하여 그중의 일부는 너희의 음료수로 하셨고 그중의 일부는 가축이 먹을 식물을 위해 두셨느니라."(16:15)

대기가 오염되지 않은 하늘에서 내리는 자연의 비, 즉 물은 할랄이다.

"하나님의 은혜 중의 하나로 은혜의 소식을 전하는 바람을 보내 하늘에서 깨끗한 비가 내리는 것이니라."(25:48)

그러나 생수의 경우 제조과정에서 필터 공정을 거치게 되는데 하람 원료가 들어간 필터를 거친 물은 문제가 될 수 있다. 따라서 필터 원료에 대한 할랄 여부의 파트와가 필요하다.

3. 미생물과 버섯

독성이 있거나 취하게 하거나 건강에 유해한 것을 제외한 미생물(박테리아나 균)과 버섯 그리고 이것들로부터 파생된 부산물은 모두 할랄이다.

- 잔탄검(xanthan gum)은 미생물 발효로부터 나오며 미생물을 효과적으로 자라게 한다.

4. 수산물

바다에서 얻는 것은 모두 할랄이다. 오염이 되지 않은 자연산 수산물은 동물이나 생선, 그리고 해초를 막론하고 모두 할랄이다. 수산물이란 강, 호수, 연못, 바다, 양식장에서 얻은 수산물을 포괄하며 죽은 것도 부패되지 않았다면 할랄이다. 그러나 복어처럼 독성이 있는 수산물은 인체에 유해하므로 독성이 제거되어 안전성이 확보되어야 한다. 한편 악어, 거북 및 개구리와 같이 육지와 물을 오가며 사는 동물은 할랄이 아니다. 양식 수산물에 대한 할랄 여부는 사료에 따라 할랄 여부가 결정된다. 지속적으로 나지스(najis) 사료를 먹인 것이나 나지스에서 사는 수산물이라면 할랄이 아니다.

> "그분께서는 너희에게 바다를 주어 신선한 생선을 먹을 수 있게 하고 너희가 걸칠 장식품을 얻도록 하셨느니라."(16:14)

> "바다의 사냥과 그것의 음식은 허용되느니라."(5:96)

> "두 갈래로 흐르는 물이 같지 아니하니 그중에 하나는 달콤하여 마시기에 적합하고 그 다른 하나는 짜고 쓰니라. 너희는 그들 각각으로부터 신선한 생선을 얻으며 너희가 몸에 장식하는 보석을 채취하노라."(35:12)

▸ 바다 동물

사는 곳과 기거하는 곳에 따라 동물은 바다동물과 육지동물

두 종류로 분류된다. 전자는 물에서만 살 수 있고 물 밖에서는 살 수 없는 동물로 이것은 모두 할랄이다. 살아 있는 상태로 포획한 것이나 죽은 상태로 얻은 것, 통째로 잡았거나 일부분을 얻었다 해도 할랄이다. 생선이나 바다동물이건, 바다 개이건 바다 돼지건, 무슬림이 포획한 것이든 비무슬림이 잡은 것이든 상관없다. 창조주 하나님께서 바다동물의 경우는 피를 제거할 필요 없이 먹어도 된다고 하면서 인간에게 넓은 은총을 베푸신 것이다. 그것을 잡은 방법도 동물에게 고통을 최소화하는 조건만 제외하고는 인간에게 맡기셨다.

"바다의 사냥과 그것의 음식은 허락되었나니 이는 너희와 여행자들을 위한 것이니라."(5:96)

한 무리의 예언자 동료들(ashaab)이 여행길에서 식량이 고갈되었을 때 해변에 쓰러져 있는 아주 커다란 고래를 발견했다. 그런데 그 고래는 이미 죽어 있었다. 죽은 동물의 고기를 먹지 말라(5:3)고 했는데 죽은 바다 고기는 먹어도 되는지에 대한 교우들 사이에 논쟁이 있었지만 식량이 필요한 상황이었으므로 허용될 것이라고 판단했다.

마을로 돌아와 예언자에게 그 사실을 말하고 허용의 여부를 묻자, 그것은 하나님께서 그들에게 내린 축복이었나는 예언자의 대답에 근거하여 수산 동물에 대한 다음의 세 가지 파트와가 나오게 되었다.

- 고래는 포유류에 해당되지만 물에서만 살기 때문에 식용으로 허용된다.
- 바다 포유류 동물은 육지 포유류 동물에 적용되는 이슬람식 도살법이 적용되지 않는다. 수산물을 일반적으로 자연스럽게 죽도록 물 밖으로 건져내 자연사하게 한다.
- 육지 동물과 달리 죽어 있는 것도 부패가 되지 않았다면 식용으로 허용된다.

▸ 비늘이 없는 수산물

오징어, 낙지, 문어, 새우, 장어, 메기 등 비늘이 없는 수산물을 비할랄로 해석하는 일부 이슬람학자들이 있어 비늘이 없는 수산물을 먹지 않는 소수 무슬림들이 있기는 하지만 수산물은 할랄이라는 대원칙에 근거하여 대다수 학자들은 할랄로 해석하고 있다. 따라서 일부 무슬림들이 비늘이 없는 수산물을 먹지 않거나 피하는 것은 그것이 비할랄이어서가 아니라 그것에 식습관화가 되어 있지 않기 때문이다.

▸ 바다와 육지를 오가면서 사는 것

물속에서만 사는 수산물은 모두 할랄이다. 그러나 물과 육지를 오가며 사는 거북이, 개구리, 악어, 자라 등은 할랄로 해석하지 않는다. 그러므로 이것들을 원료로 한 제품이나 이것들에서 유출된 재료가 들어간 제품은 할랄이 아니다. 예를 들어 자라유가 화장품 원료에 좋을지는 모르지만 그 재료가 들어간 화장품은 할랄이 아니다.

▸ 갑각류

꼬막, 조개, 홍합, 바지락, 백합 등 갑각류도 기본적으로 할랄이지만 일부 무슬림들이 그것을 먹지 않거나 피하는 것은 그것이 비할랄이어서가 아니라 그것에 식습관화가 되어 있지 않기 때문이다.

5. 동 물

▸ 인 간

인간의 젖, 정자, 난자는 할랄이며 생명이 끝난 자의 합법적인 장기이식 역시 할랄이다. 10개월 동안 모유만 먹은 10개월 미만 유아의 소변도 할랄이라는 파트와에 근거하여 그것에서 유출된 것도 할랄이다. 그러나 인간의 혈액이 원료로 사용되는 것은 하람이다. 따라서 혈액주사도 하람으로 파트와가 나올 수밖에 없다. 그러나 생명을 구하기 위해서라면 예외가 된다.

▸ 육상동물

할랄 동물을 사육하는 사료에서부터 최종 판매용 포장제품에 이르기까지 다브흐 공정이 모두 할랄이어야 한다. 코란과 하디스 및 파트와에 의해 금기된 것 이외의 육상 할랄 동물에는 소, 물소(버팔로), 염소, 양, 사슴, 낙타, 닭, 칠면조, 타조 등이 있다.

"가축들이 너희들의 양식으로 허락되었으나 순례 상태로 성역에 있을 때의 사냥은 금기이니라."(5:1)

"음식으로 허락된 것이 무엇이냐 그대에게 묻거든 일러 가로되 하나님께서 허락한 좋은 것들이라. 또한 하나님의 가르침에 따라 길들인 짐승과 새가 너희를 위해 사냥하여 온 것도 허락된 것이거늘 이것은 하나님께서 너희에게 가르친 것이니라."(5:4)

▸ 식용으로 허용되지 않는 하람 육류에는 죽은 고기, 동물의 피, 돼지, 할랄 동물이라 할지라도 이슬람식으로 도살되지 않은 고기, 목 졸라 죽인 것, 때려서 잡은 것, 떨어져서 죽은 것, 서로 싸우다가 죽은 것, 야생동물이 일부를 뜯어먹고 남은 것, 우상이나 제사상에 올린 고기, 점술을 걸고 총이나 화살을 쏘아 잡은 동물 등이 있다.

"너희에게 허락되지 아니한 것이 있으니 죽은 고기와 피와 돼지고기와 하나님의 이름으로 도살되지 않은 고기가 아닌 것과 목을 졸라 죽인 것과 때려서 잡은 것과 떨어져서 죽은 것과 서로 싸워서 죽은 것과 다른 야생이 일부를 뜯어먹어 버린 나머지와 우상에 제물로 바친 것과 화살에 점성을 걸고 잡은 것이거늘 이것들은 불결한 것이니라."(5:3)

"하나님의 이름으로 도살되지 아니한 고기는 먹지 말라. 그것을 섭취하는 것은 죄이니라."(6:121)

"너희가 하나님의 말씀을 믿는다면 고기를 먹되 하나님의 이름으로 도살된 것만을 섭취하라."(6:118)

▸ 할랄 육상동물

다음의 경우를 제외한 모든 육상동물은 식품으로서 할랄이다.

- ▸ 이슬람법(shariah)에 따라 도축되지 않은 동물
- ▸ 심각한 나지스(najis al-mughallazah) 동물, 즉 돼지와 개 및 그 새끼들
- ▸ 호랑이, 곰, 코끼리, 고양이, 원숭이 등과 같은 먹이를 죽이기 위해 사용되는 긴 날카로운 이빨이나 엄니를 가지고 있는 동물
- ▸ 독수리, 부엉이 등과 같은 포식성 맹금류
- ▸ 쥐, 바퀴벌레, 지네, 전갈, 뱀, 말벌 및 기타 유사한 동물과 같은 해충 그리고 또는 유독성 동물
- ▸ 벌(al-nahlah), 딱따구리(hud-hud) 등과 같이 이슬람에서 죽이는 것이 금지된 동물
- ▸ 이, 파리 등과 같이 혐오스럽다고 여겨지는 생물
- ▸ 의도적으로 그리고 지속적으로 나지스(najis) 사료를 먹여서 사육된 할랄 동물
- ▸ 당나귀 및 노새와 같이 이슬람법에 따라 식용이 금지된 기타 동물

▸ 식용으로 금기된 육상 동물

하나님께서는 육상동물 중 단지 돼지고기와 자연사하여 죽은 동물의 고기와 사신들과 어떤 인산에게 봉헌된 짐승의 고기와 피만 먹지 말라고 하셨다. 이와 같은 하람은 앞서 언급했던 것처럼 주요 네 가지 범위와 열 가지 소범위의 하람으로 코란 원문에 상세히 설명되고 있다. 코란은 사도에 관해서 언급하고 있다.

"그는 저들에게 옳은 것을 촉구하였고 그릇된 것을 금기하였느니라." (7:157)

불결한 것들이란, 비록 일부 사람들이 좋아할 수도 있겠지만, 일반적으로 많은 사람들이 싫어하는 것을 말한다. 이와 관련하여 카이바르에서 적과 대치하고 있을 때 예언자께서 가축으로 기른 당나귀 고기를 먹지 말라고 하셨다(Al-Bukhari).

"송곳니를 가진 야수 그리고 발톱을 가진 새가 먹다 남은 것은 어떠한 것이든 먹지 마시오."(Abu Dawood)

야수란 호랑이, 사자, 늑대처럼 잡은 동물을 갈기갈기 찢어서 게걸스럽게 먹는 동물을 말하고, 발톱을 가진 새란 매, 독수리, 송골매 같은 새를 의미한다. 이븐 압바스의 견해에 따르면 코란에 언급된 네 가지 부류 외에는 하람이 없으므로 예언자께서 금지한 금수들은 금기, 즉 하람에까지 이르지 않고 혐오(makruh)로 간주되어야 하였다. 다음은 이와 관련한 이븐 압바스의 말이다.

"이슬람 이전의 사람들은 자신들의 기분에 따라 어떤 음식은 먹고 어떤 음식은 먹지 않았습니다. 하나님께서 예언자를 통해 경전을 주시면서 그 안에 허용과 금지를 두셨습니다. 그리고 그분께서 허락한 것은 할랄이 되었고 그분께서 금기하신 것은 하람이 되었으며 그분께서 침묵하신 것은 허용되었습니다."

그러고 나서 이븐 압바스는 다음의 코란을 낭송했다(Abu Dawood).

"일러 가로되 내가 말씀으로 계시받은 것 가운데서 먹고자 하는 자가 먹지 못하도록 금지된 것을 발견하지 아니했노라."(6:145)

본 코란 절에 근거하여 이븐 압바스는 가정에서 기른 당나귀 고기를 할랄로 보았으며 이말 말리크도 그와 견해를 같이하면서 맹수는 금기, 즉 하람보다는 혐오, 마크루흐로 간주했다.

금기된 동물의 목을 잘라 피를 흘러 버리게 해도 할랄이 될 수 없다는 데에 법학자들은 의견을 같이하고 있다. 하지만 가죽은 햇볕에 말리지 않아도 사용이 허용된다고 했다.

◉ 동물로부터 유래된 것

▸ 우유와 유제품

우유는 코란에 근거하여 무슬림에게 권장되는 음식 중 하나로 마시는 자에게 신선하고 기분 좋은 느낌을 안겨 준다고 하였다.

"보라! 가축에도 너희를 위한 교훈이 있나니 몸 안에 있는 물질과 피와 침전물 사이에서 마시기에 순수하고 유쾌한 순수한 우유가 만들어지노라"(16:66)

▸ 치즈와 유청단백질

어린 포유동물 위에서 나오는 렌넷이 있으며 렌넷은 치즈를 만들기 위한 응고제로 4가지 타입이 있다.

※ 우유 → 살균작업 → 렌넷 → 응고 → 커드 → 유청 또는 치즈

▸ 아미노산, 콜라겐, 젤라틴, 렌넷

	기원	적용품
아미노산(L-시스테인)	동물, 사람 머리카락, 오리깃털, (식물, 미생물발효)	보조식품, 영아식품, 의약품, 제과제빵 제품, 샴푸 등
콜라겐	돼지, 소, (생선껍질)	음료, 보충제, 화장품, 상처드레싱, 봉합용 등
젤라틴	돼지, 소, 가금류 (생선)	화장품, 샴푸, 음식, 의약품(캡슐), 상처드레싱 등
렌넷	동물, (미생물)	치즈 (유청으로부터 만들어진)

▸ 녹 용

사슴과에 속한 동물인 매화록 또는 마록 및 동속 동물의 미골화된 유각을 잘라 건조한 한약재이다. 이슬람식으로 도축하여 방혈을 한 후 채취한다면 할랄이 맞다. 하지만 현실적으로 녹용은 살아 있는 사슴을 마취한 상태에서 뿔만 잘라 채취하며, 사슴뿔 안에는 피가 담겨 있기 때문에 정확하게 할랄 요건을 충족한다고 볼 수는 없다.

▸ 녹 각

사슴과에 속한 매화록 또는 마록 및 동속 동물의 이미 골질화된 뿔이 자연적으로 탈락한 것을 채취한 것이다. 녹용 대용품으로 응용되고 있다. 할랄 동물에서 자연적으로 탈락하여 햇볕에 말린 것이기 때문에 할랄로 볼 수 있다.

▸ 바다 동물(수산물 참조)

6. 광 물

독성이 있거나 취하게 하거나 건강에 유해한 것을 제외한 광물은 모두 할랄이다. 금이나 은 역시 할랄이지만 하디스에 근거하여 금이나 은으로 만든 그릇에 음식을 담아 먹는 것은 하람이다.

"예언자께서는 금이나 은그릇으로 음료수를 마시거나 그곳에 음식을 담아 먹는 것을 금지하셨습니다."(Al-Bukhari)

남성이 은반지를 끼는 것은 할랄이지만 금반지를 끼는 것은 하람이다. 그러나 여성에게는 둘 다 할랄이다.

"사도께서는 오른손에 실크를 그리고 왼손에는 금을 들고 말씀하길, '이 두 가지는 이슬람 공동체의 모든 남자에게 하람입니다.'"(Ahmad, Abu Dawood and Al-Nisai)

7. 화학물질

모든 천연 미네랄과 식물이나 원유(crude oil)에서 유래한 화학물질은 독성이 있거나 취하게 하거나 건강에 유해한 것을 제외하고는 모두가 할랄이다. 원유에서 유래하는 에탄(ethane)의 화학적 합성에 의해 만들어지는 알코올은 물론 하람이다.

8. 생명공학과 유전자변형생물체(GMO)

> "내가 너희에게 베푼 양식 중에서 좋은 것을 섭취하라 그리고 법도를 넘지 말라. 이는 나의 노여움이 너희에게 내려지지 않기 위함이요 나의 노여움을 받은 자는 누구든 멸망하기 때문이니라."(20:81)

유전자 대체, 변형, 재조합 식품에 관한 할랄 여부는 코란과 하디스에는 구체적인 언급이 없다. 하지만 하람 동물을 유전적으로 변형하거나 재조합한 제품은 금지된다. 따라서 할랄이 아닌 동물의 유전물질을 이용하여 만든 성분재료 또는 유전자변형생물체(GMO)의 제품 또는 성분재료 또는 부산물을 함유하는 식품과 음료는 할랄이 아니다. 비록 할랄 동물의 유전자를 활용한 제품이라 할지라도 유해 여부에 관한 의학적인 결론이 아직 나오지 않아 의심스러운 것으로 파트와가 되기 때문에 할랄로 인정하지 않는다.

돼지 같은 하람 동물의 유전자를 할랄 동물이나 식물에 이식했을 때 하람 또는 그 이상으로 변화하였다면 하람이 되나 허용된 대상으로 변화가 일어났을 때는 할랄로 파트와가 된다. 이러한 경우를 이스티할라(istihalla: 본서 용어해설 참조)라고 한다. 말(horse)은 할랄이지만 노새는 하람으로 분류된다. 말과 노새를 교배시켜 탄생한 것은 당나귀이다. 당나귀는 하람으로 분류되는 노새 유전자 쪽으로 변화하였기 때문에 하람으로 파트와가 되는 것이다.

9. 오염된 것

할랄 물질이지만 하람 물질에 의해 오염되었거나 하람과 혼합된 것은 하람이다. 따라서 오물 및 거름더미와 더불어 살면서 일생의 대부분을 주로 오물을 먹고 사는 동물은 하람이며 이 상태를 잘라라(jalalla)라고 한다.

하람 요소

1. 카므르(khamr)

코란에 언급된 카므르(khamr)는 입으로 마시거나 씹어서, 또는 코로 흡입하거나 주사를 맞아 인간의 이성을 흐리게 하는 것들을 말한다. 곡물이나 과일은 할랄이지만 그것들이 발효되어 얻어지는 술은 코란과 하디스에 근거하여 모두 하람이다.

> "믿는 자들이여 술과 도박과 우상숭배와 점술은 사탄이 행하는 불결한 것들이거늘 그것들을 피하라 그리하면 너희가 번창할 것이니라. 사탄은 술과 도박으로 너희에게 적개심과 증오심을 불러일으키니 하나님을 염원하고 예배하는 것을 방해하느니라. 그러니 너희는 이러한 것들을 단념하지 않겠느뇨?"(5:90-91)

> "인간의 이성을 흐리게 하는 모든 음료는 하람입니다."(Al-Bukhari & Muslim)

"취하게 하거나 정신을 흐리게 하는 것(askara)은 모두가 하람입니다."(Al-Bukhari)

카므르는 정신 및 신체적 건강, 종교생활, 일상 업무에 미치는 부정적인 결과를 초래한다. 현대사회의 대표적인 이슬람 법학자 까르다위 박사는 그의 저서에서 알코올 중독 때문에 가장으로서의 의무를 다하지 못하고 아내와 자식들 그리고 가족에게 미치는 피해, 술 소비증가로 인한 정신적 피해, 물질적 피해와 도덕과 윤리의 타락을 이렇게 지적하고 있다.

"인간은 음주로 인한 피해보다 더 큰 피해를 당한 적이 없다. 전 세계의 술 중독자들이 겪고 있는 피해 상황을 종류별로 분류해 보면 자살, 살인, 파산, 부동산 처분 외에도 정신질환, 뇌신경마비, 소화기 계통의 장애와 고통 등이 있다. 술로 인한 가정파괴가 늘고 있다. 이렇듯 부정적인 영향이 상상을 초월할 정도인데 불구하고 음주반대에의 노력과 교육은 너무나 미비할 뿐이다."

이슬람 이전의 아랍인들은 술과 술잔치를 너무나 좋아했다. 그들이 술을 얼마나 좋아했는지는 그들의 언어에서 발견된다. 술과 연관된 단어가 100가지를 넘고 있을 정도다. 술을 찬양하는 그들의 시에서, 금으로 만들어진 술잔에서, 술잔치 등 그 밖의 여러 경우에서 술을 찬미하는 단어들이 발견된다(최영길 역, 인간 무함마드에서).

퍼져 가는 악을 사회로부터 근절하기 위해 하나님께서는 단계별로 술을 금지하는 교육과 수련과정을 언급하였다. 첫 번째로 그들에게 술의 단점이 장점보다 크다는 것을 밝히고, 그 다음에는 취한 상태에서 예배하지 말라고 하였으며, 마지막 단계에서 술을 완전히 금지하는 계시를 내리셨다.

> "술과 도박에 관하여 물을 때 그대에게 일러 가로되 이 두 가지는 인간에게 큰 범죄가 되며 인간에게 일부 이로운 것도 있으나 그것의 죄악이 이로움보다 크다"(2:219)

인간에게 이로운 것이란 주류와 관련된 업종을 통해 얻은 소득을 말한다. 술은 모든 악의 모체라고 하디스는 언급하고 있다. 그래서 술은 인간의 육체, 건강, 정신, 재산 등은 물론 공동사회의 윤리를 해치는 요인이라는 것이 이슬람 전문가들의 공통된 견해이다. 말리키, 샤피, 아흐마드 법학파는 술 자체는 물론 원료가 발효되어 알코올의 효능을 발효할 때 술로 간주하며, 아부 하니파 법학파는 그것을 마셔서 취할 경우 술로 간주하고 있다(최영길, 코란 해설).

> "믿는 자들이여 술과 도박과 우상숭배와 점술은 사탄이 행하는 불결한 것들이거늘 그것들을 피하라 그리하면 너희가 번창할 것이니라. 사탄은 술과 도박으로써 너희들 서로 간에 원한과 증오를 유발시키며 하나님을 염원하고 예배하는 것을 방해하려 하느니라. 그래도 너희는 단념하지 않겠느뇨?"(5:90-91)

이 두 절에서 하나님께서는 술, 도박, 우상숭배, 화살에 점술을 걸고 행운을 추구하는 행위 등을 엄격하게 금지하면서 그것들은 불결하고 혐오스러운 것들이라고 선언하셨다. 그렇게 하는 것은 사탄의 행위로 정의하면서 믿는 자들이 성공으로 가는 유일한 길은 그것들을 피하는 것이라고 하였다. 그런 후 술과 도박이 사회에 미치는 부정적인 영향을 언급하셨다. 서로 간의 우애관계를 깨뜨리고 상대방에 대한 적의와 증오심을 불러일으킬 뿐만 아니라 창조주 하나님을 생각하고 예배생활을 소홀히 하게 만든다고 하였다. 절 마지막에서, "그러니 너희는 단념하지 않겠느냐?"라는 충고로 끝을 맺고 있다. 예언자께서 본 절을 처음 암송하셨을 때 이 말을 듣고 있던 신자들은 열광적인 목소리로, "주여, 저희는 단념했습니다. 오! 주여, 저희는 단념했습니다."라고 외쳤다고 하였다.

본 절에 대한 무슬림들의 반응은 경이적이었다. 술이 금지되었다는 소리가 들려오자 컵에 든 술을 마시고 있던 일부 사람들이 술을 마시다 말고 손을 부들부들 떨었다. 그리고는 마시다 남은 술을 땅에 부어 버리고 술잔과 술통들을 깨트려 버렸다.

오늘날 전 세계 많은 국가들은 술이 각 개인과 가정과 사회에 미치는 부정적인 결과와 피해를 잘 인식하고 있다. 미국을 비롯한 일부 국가들은 음주금지법을 제정하여 음주금지령까지 내리려고 시도한 적이 있었다. 하지만 실패하였다. 그러나 이슬람은 술과의 진쟁에서 승리하여 술을 금시하는 데 성공하였다.

소량의 음주는 소화에 도움을 준다는 견해도 있다. 소량의 음주가 소화에 도움이 된다 하더라도 술은 금지되어야 한다는 것이 이슬람의 일관된 주장이다. 왜냐하면 한 잔의 술이 두 잔의 술을 부르고 소량의 술이 대량의 술을 마시게 하여 결국 알코올 중독으로 이어지기 때문이다. 이러한 이유로 이슬람은 단호하게 술을 금지하면서 음주로 이어질 수 있는 모든 통로를 차단하고 있다.

(1) 취하게 하는 것은 모두 하람

이와 관련하여 예언자께서는 술을 금지하는 것에 그치지 않고 어떤 형태 혹은 어떤 이름을 가진 것이든 간에 취하게 하는 모든 물질을 술로 정의하면서 이를 금지하였다. 그러므로 맥주 같은 음료수도 하람이다.

꿀이나 옥수수 혹은 보리로 제조된 음료수가 자연적으로 발효되어 술이 된 경우는 어떠냐는 질문을 받고 예언자는 이렇게 말했다.

"취하게 하는 모든 것은 술(Khamr)이요 술은 하람입니다."(Muslim)

그리고 우마르는 예언자의 설교단에 올라가 이렇게 말했다.

"이성과 정신을 흐리게 하는 것은 모두 술입니다."(Al-Bukhari and Muslim)

(2) 술은 양에 관계없이 하람

알코올, 즉 술의 양에 관계없이 취하게 하는 모든 것을 금지하는 이슬람의 입장은 확고부동하다. 사람이 한 발을 내딛게 되면 다른 발은 자연히 따라가게 되는 것처럼, 또는 걷다 보면 뛰어가는 것처럼 술도 그와 마찬가지이다. 다음은 이와 관련한 예언자의 말씀이다.

"취하게 하는 것은 그것이 양이 적든 많든 모두 하람입니다."(Ahmad, Abu Dawood, and Al-Tirmizi)

"한 통의 술이 취하게 한다면 그것의 한 모금도 하람입니다."(Ahmad, Abu Dawood, and Al-Tirmizi)

(3) 술 거래

예언자는 음주금지령에 그치지 않고 술 거래도 금지하였다. 술의 양에 관계없이 그리고 무슬림과 비무슬림 간의 술 거래도 금지했다. 술 수입과 수출, 술집 주인과 종업원의 술 판매도 금지했다. 술과 관련하여 예언자는 10가지를 저주하였다.

"하나님께서는 술을 짜는 자, 술을 제공받는 자, 술을 마시는 자, 술을 대접하는 자, 술을 운송하는 자, 술을 운송받는 자, 술을 파는 자, 술을 팔아 돈을 버는 자, 술을 구매하는 자, 자신을 위해 술을 구입하는 자를 저주하셨습니다."(Al-Tirmizi and Ibn Majah)

앞서 언급한 코란 절이 계시되었을 때 예언자께서는 다음과 같이 선언하였다.

"하나님께서 술을 금지하셨습니다. 그러므로 술을 갖고 있는 자는 마시지도 말고 팔지도 마시오."(Muslim)

위의 내용을 전하고 있는 전언자는 이렇게 말하고 있다.

"이 말을 듣고 술을 가지고 있던 사람들은 그것을 들고 나와 메디나 거리에 부어 버렸습니다."(Muslim)

이슬람은 술에 접근하는 모든 수단과 방법을 차단하고 있다. 술을 만들 것이라는 것을 알면서 어떤 사람에게 포도를 판매하는 무슬림이 있다면 그것은 하람이다. 다음은 이와 관련한 예언자의 말씀이다.

"수확기에 포도를 저장하여 그것을 술을 제조하는 유대교인이나 기독교인 혹은 다른 사람에게 파는 자가 있다면 그는 눈을 뜬 채 지옥불 속으로 뛰어들게 될 것입니다."(Al-Tabarani)

(4) 술 선물 금지

술 판매 혹은 술값을 주고받는 행위가 하람인 것처럼 술을 기독교인이나 유대교인 혹은 다른 사람에게 선물하는 것도 하람이다. 무슬림은 술을 주지도 말고 받지도 말아야 한다. 왜냐하면 무슬림은 순수해야 되기 때문에 순수한 것 외에는 주지도 않고 받지도 말아야 한다.

한 남자가 예언자에게 선물로 술 한통을 가져왔을 때 하나님께서 술을 금지했다는 말을 그에게 전했다고 했다. 술을 팔면 안 되느냐는 그의 질문을 받고, 음주를 금지한 분께서 술을 파는 것도 금지했다고 예언자께서 대답했다. 그렇다면 술을 유대인에게 선물로 주면 되지 않느냐고 그 남자가 묻자 술을 금지한 분께서 그것을 유대인에게 주는 것도 금지했다고 예언자는 대답했다. 그렇다면 이 술을 어떻게 하면 좋으냐고 질문하자 땅에 쏟아 버리라고 예언자는 대답했다(Al-Hamidi).

(5) 술자리 피할 것

무슬림은 술이 제공되는 술자리나 술 모임을 피한다. 예언자가 하신 말씀을 우마르가 전하고 있다.

> "하나님과 내세를 믿는 자는 누구를 막론하고 술이 제공되는 자리에 앉지 말아야 합니다."(Ahmad, and Al-Tirmizi)

무슬림은 혐오스러운 것을 보았을 때 그것을 제거해야 한다. 만일 그렇게 할 수 없을 경우에는 그곳으로부터 멀리 떨어져 있거나 그곳을 떠나야 한다.

우마르(Umar bin Abdulaziz) 칼리프는 음주자뿐만 아니라 술은 마시지 않고 그와 자리를 함께한 자들에게도 채찍질을 하였다는 이야기가 전해오고 있다. 그 칼리프는 한 단체가 술잔치를 벌이고 있다는 소식을 받고 그들 모두에게 채찍질을 가하라는 지시를 내렸다. 그들 중에 단식을 하는 자가 있었다고 하자 그 사람부터 채찍질을 가하라고 하면서 다음의 코란 절을 암송하였다.

> "하나님께서는 성서에서 너희에게 이미 말씀하시었으니 너희가 하나님의 말씀을 듣고서도 그것을 불신하며 조롱하는 자 있었느니라. 그들이 다른 화제로 돌릴 때까지 그들과 함께하지 말라. 만일 너희가 함께 한다면 그들과 다를 바 없느니라."(4:140)

(6) 술은 약이 아니라 일종의 병

위의 코란과 하디스에서 밝혀진 것에 근거하여 이슬람은 술과의 전쟁에 대하여 확고부동한 입장을 취하고 있다. 그래서 무슬림을 술로부터 멀리하게 하고 무슬림과 술 사이를 차단한다. 술의 양에 관계없이 술을 마시거나 접근할 수 있는 출구와 이유와 핑계를 허용하지 않는다. 술을 마셔서도 안 되지만 제조하거나 판매하는 것, 또한 술을 선물로 주는 것도 허용하지 않는다. 술을 집이나 가게로 가져가는 것도 역시 하람이지만 어떤 특별한 행사를 위해 무슬림이나 비무슬림 손님에게 술을 제공하는 것도 하람이다. 다른 음료수에 술을 넣어 마시는 것 또는 요리할 때 술을 사용하는 것도 하람이다.

술을 약으로 사용할 수 있는가에 대한 일부 사람들의 질의가 있다. 어떤 사람이 술을 약으로 사용했다고 말했을 때 예언자가 하신 말씀이 바로 이 문제에 대한 답이 될 것이다. 다음은 이와 관련한 예언자의 말씀이다.

"그것은 약이 아니고 일종의 병입니다."(Ahmad, Ahmad, Abu Dawood, and Al-Tirmizi)

"하나님께서는 병도 주고 치료약도 주셨습니다. 모든 병에는 치료약이 있습니다. 그러므로 약을 복용하되 하람인 것은 그 어떤 것도 약으로 사용하지 마시오."(Abu Dawood)

취하게 하는 것들에 관하여 이븐 마스우드는 이렇게 말했다.

"하나님께서는 당신께서 금기하신 것으로 치료약을 만들지 않으셨습니다."(Al-Bukhari)

그래서 이슬람이 알코올을 비롯하여 금기된 다른 물질을 약으로 사용하는 것을 금지하고 있다. 이븐 까임이 설명했던 것처럼 어떤 것에 대한 금기는 모든 수단과 방법을 동원해 그것을 피하거나 멀리하라는 의미다. 그것을 약으로 취하기 위해 바람직한 것으로 해석하면서 손 안에 넣은 것은 창조주의 정신을 위반하는 행위다. 이븐 까임이 이렇게 말했다.

"만일 알코올이 약으로 허용된다면 사람들은 이미 술에 마음을 둘 것이고 그러고 나면 즐기기 위해, 특히 건강에 좋고, 고통을 완화시켜 주고, 정신적 피로를 풀어 주고, 병을 치료해 준다는 핑계를 만들어 마실 구실을 제공하게 될 것이다."(Zad Al-Ma'ad, vol.3, pp.115-116)

금지된 약이 병의 치료를 촉진시켜 주거나 혹은 지연시키는데 상당한 효과를 가질 수 있다고 말하는 사람이 있을지도 모른다. 인간의 심리를 통찰했던 이븐 까임은 이 점을 상세히 설명하고 있다.

"약에 의한 치료가 효력을 갖는 조건 가운데 하나는 환자가 약의 효력을 믿고 그리고 하나님께서 그 약에 치료의 축복을 내려 줄 때이다. 알코올과 같은 어떤 특정 물질은 하람이므로 그것이 유익하고 축복이 있을 것이라고 무슬림 환자는 믿지 않는다. 그것에 대해 아무런 신뢰를 갖지 아니할 것이요 그것을 복용하지 않을 것이다. 무슬림의 믿음이

강해지면 강해질수록 그것에 대한 그의 혐오감은 더 커지고 그에 대한 불신은 더해 갈 것이다. 만일 그가 싫어하고 혐오하는 것을 마지못하여 먹는다면 그것은 오히려 치료의 약이 되는 것이 아니라 오히려 병이 될 것이다."(Zad Al-Ma'ad, vol. 3, pp.115-116)

다시 필요에 의한 예외규정을 언급하고자 한다. 이슬람법은 사안과 경우에 따라 다른 규범을 적용하기도 한다. 만일 사람의 생명이 위독한 상태에 있는데 알코올 성분이 들어간 약 외에 대체약이 없을 경우에는 비록 하람이기는 하지만 알코올 성분이 들어간 약 복용이 허용된다. 전문의이면서 철저히 이슬람을 준수하는 한 저명한 무슬림 의사는 알코올 성분이 들어간 약 외에 다른 대체 약을 찾을 수 없었다. 이슬람의 기본 정신은 인간의 복지에 있기 때문에 그런 경우에는 그러한 약을 복용하도록 허용한다. 그렇지만 분명히 알아야 할 것은 꼭 필요한 경우와 최소한의 필요한 양으로 엄격히 제한된다는 것이다.

"그러나 필요하여 또는 알지 못하여 금지된 것을 먹었을 경우에는 죄악이 아니거늘, 진실로 그대의 주님께서는 가장 너그러우시고 자비로운 분이시니라."(6:145)

(7) 알코올과 파트와

- 모든 술은 알코올이지만 모든 알코올이 술은 아니다. 그러나 술 생산 과정에서 얻는 알코올은 하람이고 나지스이다.
- 술에서 추출한 것이 아닌 알코올은 나지스가 아니지만 원래의

목적에 맞지 않아 독이 되게 사용할 경우 하람이다.

- 술을 만들 목적이 아니고 알코올이 1% 미만인 음료는 허용(mubah)이다(JAKIM).
- 의약품과 향수는 알코올을 용매제로 쓰지만 허용이고 만약 그 알코올이 술에서부터 유래된 알코올이 아니라면 나지스가 아니다.

(8) 마 약

"카므르(khamr)는 정신을 흐리게 하거나 몽롱하게 만드는 것이다."

이 말은 우마르(Umar ibn Al-Khattab)가 예언자의 설교단에 올라가 한 말이다. 이것은 무엇이 카므르 범주에 들어가는가를 결정짓는 중요한 단서이다. 그러므로 더 이상의 질문과 의심이 필요 없다. 정신을 몽롱하게 만들거나 흐리게 하여 사고(思考)와 인식(認識)과 식별(識別)에 장애를 주는 물질은 모두 카므르이고 이것은 곧 하나님과 사도께서 부활의 그날까지 금지한 하람이다.

마리화나, 코카인, 아편 같은 마약은 두말할 것 없이 금지된 카므르 범주에 포함된다. 이러한 마약은 민감한 인식에 영향을 미친다. 사물과 사건에 대한 이성적 판단을 흐리게 하여 사물이 가까이 있는 것처럼 보이게도 하고 멀리 있는 것처럼 보이게 하는 등 환상과 망상을 일으켜 실체가 사라지는 것 같고 환상이 실재하는 것처럼 보이게 한다. 이처럼 마약은 이성과 판단력의 기능을 마비시킨다.

마약은 인간의 영적 세계와 정신세계에 영향을 미칠 뿐만 아니라 육체에도 큰 피해를 준다. 신체적 피로를 비롯하여 신경마비, 신체쇠약, 때로는 전신마비 같은 것을 유발시킨다. 도덕불감증, 의지력의 약화, 책임에 대한 태만 같은 현상을 일으킨다. 결과적으로 마약중독은 사람을 사회의 병든 구성원으로 만들어 버린다. 그보다 더 무서운 것은 마약을 사기 위해 재산을 탕진하게 만들고, 가정을 파괴하고, 불법을 저질러 사회범죄의 원인이 되기도 한다. 무슬림 법학자들은 이구동성으로 각 시대에 나타난 이러한 마약의 사용금지에 견해를 같이하고 있다. 이들 중에 이슬람의 어른으로 불리는 이븐 타이미야는 이렇게 말하고 있다.

"취하게 하든 그렇지 않든 하쉬쉬(Hashish) 풀도 하람입니다. 그것은 죄인들이 피운 것입니다. 그들은 그것을 피움으로써 황홀감과 쾌락을 얻을 수 있다는 것을 알아냈습니다. 그것을 피우면 도취상태에 빠지게 됩니다. 술이 음주자로 하여금 활동적이고 시비를 좋아하게 만든다면 하쉬쉬는 마시는 자로 하여금 둔하고 무디게 만들 뿐만 아니라 무감각 상태로 만듭니다. 더 나아가서는 정신혼란과 과격한 기질을 유발시키며 때로는 성적 충동을 일으켜 성폭행의 원인이 되기도 합니다. 이러한 것들은 음주의 피해보다 더 큰 피해를 야기시킵니다. 하쉬쉬가 퍼진 시기는 타타르인들의 공격 이후부터였습니다. 하쉬쉬 흡연자에게는 양의 정도를 불문하고 음주자에게 가해지는 40 또는 80대의 회초리 형벌(Hadd)이 가해집니다."

이븐 타이미야는 다음과 같은 원칙에 의해 하쉬쉬 흡연자에게 형벌을 가해야 한다고 설명했다.

"음주 또는 혼외정사 같이 사람이 원하여 금기사항을 위반한 당사자에게 핫드 형벌을 가하고 죽은 동물의 고기를 먹는 자에게는 타우지르(tauzir)라 불리는 훈계를 하는 것이 이슬람법의 기본 원칙입니다. 하쉬쉬는 원해서 피우는 것이어서 중독되면 단념하기가 어렵습니다. 따라서 하쉬쉬에 대한 코란과 하디스의 적용은 술에 적용되는 것과 같을 수밖에 없습니다."

(9) 먹거나 마셔서 해가 되는 것은 모두 하람

이슬람법은 독약 또는 건강과 몸에 피해를 주는 물질을 적은 양이지만 한 번에 섭취하든 혹은 지속적으로 섭취하든 먹거나 마셔서 사망의 원인이 될 수 있는 것은 무슬림들에게 하람으로 규정하고 있다. 많은 양을 섭취해서 병의 원인이 되는 것도 역시 하람이다. 왜냐하면 무슬림은 자기 자신만의 것이 아니고 그의 종교의 것이기도 하고 이슬람 공동체의 것이기도 하기 때문이다. 그의 생명, 건강, 재물 등 모든 것은 하나님께서 그에게 위탁한 것이기 때문이다. 그래서 그분의 허락 없이 그것들을 소모시켜서는 안 된다.

"너희 자신들을 살해하지 말라 하나님께서는 너희에게 자비를 베푸시는 분이시니라."(4:29)

"너희가 너희 스스로를 파멸로 이끌지 말라."(2:195)

다음은 이와 관련한 예언자의 말씀이다.

"여러분 자신과 타인을 해치지 마시오."(Ahmad and Ibn Majah)

이 원칙에 근거하여 흡연이 건강에 해롭다면 담배 역시 하람이다. 특히 흡연이 건강에 해롭다는 의사의 진단을 받은 사람은 더욱더 그렇다. 건강에 해를 끼치지 않더라도 흡연은 돈의 낭비요 종교생활과 일상생활에 도움이 되지 않는다. 예언자께서는 재물의 낭비를 금지하셨다(Al-Bukhari). 담배 구입할 돈이 자신과 가정생활에 필요한 것이라면 흡연은 말할 것도 없이 하람이다.

▸ 제품의 주정에 대한 파트와

포도, 대추야자와 같은 과일과 쌀, 밀, 보리 및 옥수수 같은 곡물의 발효결과로 만들어지는 와인발효와 에틸렌의 화학적 합성에 의해 생산되는 산업용 알코올이 있으며, 자연적으로 발생된 알코올이나 식품제조 공정에 사용된 알코올에 대해서는 일정량이 허용된다. 말레이시아 자킴(JAKIM)과 (재)한국이슬람교(KMF) 규정에서는 완제품의 주정을 0.5%까지 허용하고 있다.

2. 돼지고기

"죽은 고기와 피와 돼지고기를 먹지 말라. 또한 하나님의 이름으로 도살되지 아니한 고기도 먹지 말라. 그러나 자의가 아니고 어쩔 수 없이 한계를 넘지 않는 분량을 먹었을 경우에는 죄가 되지 않느니라. 실로 하나님께서는 너그러우시고 자비로운 분이시니라."(2:173)

"하나님과 그분의 사도께서는 술, 돼지, 죽은 짐승의 고기를 먹는 것과 거래를 불법으로 간주하였습니다."(Al-Bukhari)

이와 같이 돼지는 코란과 하디스에서 엄격하게 금기하고 있다. 그러므로 돼지고기를 식용하는 것은 물론이고 그것에서 부산물이나 파생 원료를 제품에 사용하는 것도 철저히 금기되며 할랄 제품 생산과의 교차요염도 허용하지 않는다. 할랄 제품을 생산하는 공장까지도 돼지 사육장에서 멀리 떨어져 있어야 한다. 위 하디스의 가르침에 따라 돼지고기를 비롯한 하람 원료나 제품을 생산하거나 운송 및 거래하는 것까지 차단하고 있다.

따라서 돼지로부터 유래하는 뼈(bone), 젤라틴(gelatin), 내장(offal), 지방(lard), 콜라겐(collagen), 유화제(emulsifier) 등 수십 종류의 파생원료는 할랄 제품생산에 들어가서는 안 된다.

◉ 돼지로부터 유래하는 다양한 파생원료

▸ 껍질에서 유출한

펩신: 식품 첨가제나 효소 등에 들어가지 않아야 한다.

젤라틴: 미용을 위한 성형수술 등에 들어가지 않아야 한다.

지방: 빵, 비스킷, 향, 소시지 등에 들어가지 않아야 한다.

▸ 그 밖에 돼지로부터 유래하는 원료는 아래 도표 참조

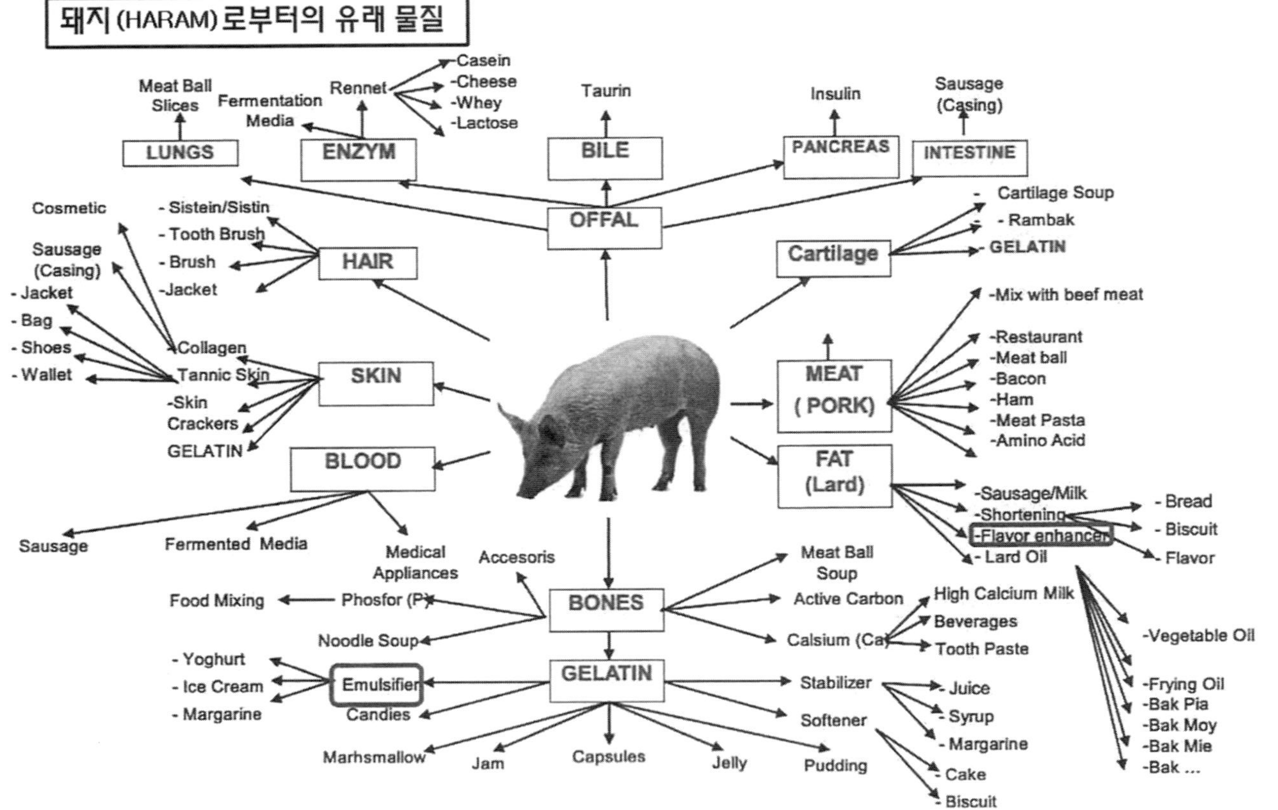

출처: 2016 청년취업아카데미 할랄 전문가 양성과정

3. 죽은 동물의 고기

다음은 쿠란에 하람으로 언급된 짐승의 고기다.

"너희에게 허락되지 아니한 것이 있으니 죽은 고기와 피와 돼지고기와 하나님의 이름으로 도살되지 않은 짐승의 고기와 목을 졸라 죽인 것과 때려서 잡은 것과 떨어져서 죽은 것과 서로 싸워서 죽은 것과 다른 야생이 일부를 먹어 버린 나머지와 우상에 제물로 바쳤던 것과 화살에 점성을 걸고 잡은 것이거늘 이것들은 불결한 것이니라. 음식으로 허락된 것이 무엇이냐 그대에게 묻거든 알라께서 허락한 좋은 것들이라 말하라. 또한 알라의 가르침에 따라 길들인 짐승과 새가 너희를 위해 사냥하여 온 것도 허락된 것이거늘 이는 알라께서 너희에게 가르친 것이니라." (5:3-4)

- 질식시키거나 목을 졸라 죽인 것(Al-Munkhaniqah): 목을 졸라 죽인 것. 예를 들어 밧줄로 짐승의 목을 졸라 죽이거나 짐승의 머리를 어떤 곳에 넣어 숨을 쉬지 못하게 하여 죽인 동물
- 때려서 죽인 것(Al-Mawqudah): 몽둥이 같은 것으로 때려서 죽인 동물
- 떨어져서 죽은 것(Al-Mutaraddiyah): 높은 곳에서 낮은 곳으로 떨어져 죽거나 도랑이나 계곡에 떨어져 죽은 것
- 싸우다가 죽은 것(Al-Natihah): 동물들끼리 싸우다가 죽은 것
- 야수가 먹고 남은 것(Ma Akala Saba'u): 야수가 먹고 남은 것으로 야생 동물들이 일부를 뜯어 먹음으로써 죽은 동물

이 다섯 가지를 추가 언급한 후 하나님께서는 예외 조항을 두고 있다. "너희가 도살하여 할랄을 만드는 것"이란 야수에게 뜯어먹힌 동물이 살아 있을 때 도살하는 것은 할랄 음식으로 허용된다는 의미이다. "아직 살아 있다"는 정확한 의미는 생명이 아직 살아 있다는 뜻이다. 이와 관련한 알리(Ali ibn Abi Talib)의 말이다.

"맞은 것, 떨어진 것, 받힌 것이 발을 움직이면 도살하여 먹을 수 있을 것입니다." 다하크(Al-Dahak)는 다음과 같이 그의 견해를 피력했다. "이슬람 이전 시대의 사람들은 죽은 동물의 고기도 먹곤 하였습니다. 그 후 이슬람이 회복되면서 하나님께서 도살된 동물의 고기가 아니면 먹지 말라고 하셨다. 발을 움직이고 꼬리를 흔들거나 눈을 깜박이고 있는 동물이 도살된다면 그것은 할랄입니다."

4. 동물의 피

"일러 가로되 내가 말씀으로 계시받은 것 중에서 죽은 고기와 피(dam)와 돼지고기와 하나님의 이름으로 도살되지 아니한 고기를 제외하고 먹고자 하는 자가 먹지 못하도록 금지된 것을 발견하지 아니했노라. 그러나 필요하여 또는 알지 못하여 금지된 것을 먹었을 경우에는 죄악이 아니거늘 진실로 그대의 주님께서는 가장 너그러우시고 자비로운 분이시니라."(6:145)

"죽은 고기와 피와 돼지고기를 먹지 말라. 또한 하나님의 이름으로 도살되지 아니한 고기도 먹지 말라. 그러나 자의가 아니고 어쩔 수 없이 한계를 넘지 않는 분량을 먹었을 경우에는 죄가 되지 않느니라. 실로 하나님께서는 너그러우시고 자비로운 분이시니라."(2:173)

(1) 흐르는 피는 하람

흐르는 피와 액체가 된 피다. 이와 관련하여 질문을 받은 이븐 압바스(Ibn Abbas)가 이렇게 대답했다. "섭취해도 됩니다." 다시 질문이 있었다. "그렇지만 그것도 피입니다." 그러자 이븐 압바스가 대답했다. "단지 흐르는 피만 하람입니다." 피를 금지하는 이유는 피를 마시는 것은 인간의 품위에 어울리지 않으며 건강에 해가 될 수도 있기 때문이다.

이슬람 이전에 어떤 한 배고픈 사람이 뼈 또는 어떤 날카로운 것으로 동물의 몸을 찔러 피를 받아 마셨다. 이와 관련하여 시인 아쉬(Al-'Ashi)는 이렇게 말했다. "절대로 죽은 동물에 가까이 하지도 말고 날카로운 것으로 살아 있는 동물을 찌르지도 마시오." 살아 있는 동물을 날카로운 것으로 찌르면 동물이 상처를 입고 허약하게 되기 때문이다.

(2) 코란과 하디스의 도살 기본원칙

코란은 피를 하람 식품으로 규정하고 있다. 그러므로 비록 할랄 동물이라 하더라도 피가 들어간 식품은 모두 하람이다. 따라서 할랄 동물의 피를 최대한 많이 방출시켜야 한다. 그래서 일반 도살장의 도살법과 많이 다르다. 도살할 때는 타스미야(tasmiyah; bismillah: 하나님의 이름으로)와 타크비르(takbir; Allahu akbar: 하나님은 가장 위대하시다)라고 말한다. 그렇지 않는 고기는 먹지 말라고 했기 때문이다.

"하나님의 이름으로 도살되지 아니한 육류는 먹지 말 것이니라." (2:173)

(3) 사슴의 녹용에 대한 파트와

한약제 또는 건강보조음료에 들어가는 녹용은 뿔의 일부를 절단한 후 완전히 말린 것이기 때문에 피는 들어 있지 않다. 피에만 초점을 맞추면 녹용은 하람은 아니다. 그런데 이슬람식 도살의 과정을 거치지 않고 살아 있는 상태에서 뿔의 일부를 채취한 것이어서 의심스러운 것으로 파트와를 할 수도 있고 죽은 것, 비록 하람 동물이라 할지라도 그것은 가죽을 햇볕에 말리면 불결한 것이 없어지고 깨끗하여진다는 다음의 하디스에 근거하여 유추하면 할랄로 파트와를 할 수도 있다.

"햇볕에 말리면 불결한 것이 제거됩니다."(Al-Hakim)
"가죽을 햇볕에 말리면 깨끗해집니다."(Muslim)

코란과 하디스가 제시하고 있는 가장 기본적인 도살 에티켓은 하나님의 이름으로 도살하되 가장 자비스러운 방법 그리고 도살의 고통을 최소화하라고 하였다.

"하나님께서 모든 것에 자선을 베풀라 하시면서 동물을 도살할 경우 가장 자비스러운 방법으로 도살하라 하셨습니다. 동물을 식용으로 도살할 경우 도살되는 동물에게 최소한의 고통만 주라고 하시면서 칼날을 날카롭게 하여 도살되는 짐승의 아픔을 줄여 주라고 하셨습니다." (Muslim)

(4) 다브흐(dhabh)와 나흐르(nahr)

코란의 아랍어 발음으로 할랄 도축을 다브흐(dhabh)와 나흐르(nahr)라 하는데 전자는 체구가 작은 동물 그리고 후자는 낙타처럼 체구가 큰 동물을 도살할 때 코란의 아랍어 발음이다. 기관, 식도, 경동맥, 경정맥을 잘라 방출과 죽음을 재촉하는 행위이다. 출혈은 자연스럽게 완전히 방출되어야 하고 척수는 절단되어서는 안 되며 따라서 머리가 완전히 절단되지 않는다.

(5) 동물 도살에 대한 예절과 도살조건

식용으로 허용되는 육식 동물은 두 가지가 있다. 첫 번째는 유순한 동물 혹은 낙타, 소, 염소, 닭과 같은 가축 동물이 있고, 농장이나 가정에서 기른 가금류가 있다. 기른 것이 아니거나 야생동물은 두 번째 부류에 속한다. 첫 번째 부류에 속한 동물들의 고기를 할랄로 만들기 위해서는 이슬람의 규범과 예절에 따라 도살되어야 한다. 이슬람법이 규정하고 있는 깨끗하고 합법적인 고기가 되기 위해서는 다음의 조건이 충족되어야 한다.

- 날카로운 도구로 도살하고 흐르는 피를 제거해야 한다. 도구는 돌, 나무, 쇠 등 어느 것이 무관하나 날카로운 것이어야 한다. 아디(Adi ibn Hatim)는 자신이 예언자에게 했던 말을 이렇게 전하고 있다. “사도님, 저희가 사냥을 나갈 때 종종 칼을 소지하지 않습니다. 왜냐하면 날카로운 돌이나 나무막대기, 또는 갈대를 발견할 수 있기 때문입니다.” 이 말에 대한 예언자의 대답은 다음과 같다.

"도살의 목적은 어떤 도구를 사용하든 하나님의 이름을 언급하고 흐르는 피를 제거하는 것입니다."(Ahmad, Abu Dawood, Nisai, Ibn Majah, Al-Hakim, and Ibn Hibban)

▸ 도살은 동물의 목을 자르거나 목을 찔러 죽게 하는 것인데 가장 좋은 방법은 숨통, 식도와 두 정맥을 절단하는 것이다. 하지만 동물을 특정한 방법으로 도살이 불가능할 경우에는 이 두 번째 조건은 제외된다. 예를 들어 동물이 우물 안으로 머리를 곤두박질하여 동물의 목 접근이 어렵거나 동물이 발로 차거나 달아날 때이다. 이러한 경우에는 사냥당하는 동물이 상처를 입고 피를 흘리는 것처럼 동물 신체 아무 곳이나 상처를 주어 피를 흘리게 하면 된다. 라피(Raf'i bin Khadij)에 근거하여 부카리와 무슬림이 다음과 같은 내용을 전하고 있다.

"우리가 예언자와 함께 여행을 나갔을 때 낙타 한 마리가 도망을 쳤다. 그 낙타를 추격할 말이 없어 우리는 화살을 쏘아 그 낙타에 상처를 내 쓰러뜨렸다. 이것을 본 예언자께서 이렇게 말씀하셨습니다."

"이 동물들 중에 일부는 야수들과 같습니다. 만일 그것들이 이와 같이 행동한다면 이 방법으로 다루시오."(Al-Bukhari and Muslim)

▸ 짐승을 도살할 때 하나님 이름 외에는 누구의 이름도 언급되어서는 안 된다. 이는 모든 법학자들의 일치된 견해다. 이슬람 이전 시대의 아랍인들은 동물을 도살할 때 자신들이 숭배해 온 사신

들이나 우상들의 이름을 언급하거나 도살된 동물의 고기를 제단 위에 차려놓고 자신들의 소원을 빌었다. 앞서 언급되었듯이 코란은 단호하게 이 모든 행위를 금지하였다.

"우상에게 제물로 바쳤던 것은 불결한 것이니라."(5:3)

▸ 하나님의 이름은 동물이 도살될 때 언급된다. 이것은 코란과 하디스 원문에 근거한 것이다.

"너희가 하나님의 말씀을 믿는다면 고기를 먹되 그분의 이름으로 도살된 것만을 섭취하라."(6:118)

"하나님의 이름으로 도살되지 아니한 고기는 먹지 말라. 그것을 섭취하는 것은 죄이니라."(6:121)

"흐르는 피가 제거된 것 그리고 하나님의 이름이 언급된 것만을 섭취하시오."(Al-Bukhari)

다른 하디스가 이 조건을 부언하고 있다. 사냥할 때 화살을 쏘기 직전 그리고 사냥감을 향해 사냥개를 풀기 직전에 하나님의 이름이 언급되어야 한다는 것이다.

하나님의 이름이 반드시 언급되어야 하지만 동물을 도살하는 도중에는 언급할 필요가 없다는 것이 일부 법학자들의 공통된 견해다. 먹을 때 언급할 수도 있다. 왜냐하면 그런 경우에는 하나님의 이름을 언급하고 먹었다고 볼 수 있다. 사히흐 알 부카리(Sahih

Al-Bukhari)에서 예언자의 아내인 아이샤(Aisha)가 전하는 하디스가 발견된다.

"최근에 이슬람을 받아들인 일부 무슬림들이 예언자에게 이렇게 말했다. '사람들이 저희에게 고기를 가져왔는데 도살할 때 하나님의 이름을 언급했는지의 여부를 저희는 알 수 없습니다. 이런 경우 그 고기를 먹어도 됩니까?'" 다음은 이와 관련한 예언자의 말씀이다.

> "그것에 하나님의 이름을 언급하고 섭취하시오."(Muslim)

(6) 이슬람식 도살의 목적

이슬람식 도살의 목적은 동물의 생명을 앗아갈 때 최소한의 시간에 최소한의 고통만 주는 것이다. 그러므로 도살할 때 사용하는 도구는 날카로워야 하고 목을 자르는 시간은 가장 짧아야 한다. 이빨로 물어뜯거나 때리거나 목을 비틀거나 질식시켜서 살생하는 것은 금지다. 왜냐하면 동물에게 많은 고통을 주기 때문이다. 예언자께서는 날카로운 칼을 사용해서 동물을 편안하게 해 줄 것을 권장하셨다.

> "하나님께서 모든 것에 자선을 베풀라고 하셨습니다. 동물을 죽일 때는 가장 좋은 방법을 택하고 동물을 도살할 때 가장 좋은 방법을 택하시오. 그것은 바로 날카로운 칼로 최대한 빠른 시간 내에 도살하는 것입니다."(Muslim)

이븐 우마르가 전하고 있는 또 다른 하디스다.

"여러분 중에 도살하는 자가 있다면 그로 하여금 끝을 맺게 하시오."(Ibn Majah)

본 하디스의 의미는 동물을 도살하기 전에 도살할 칼을 날카롭게 하고, 먹을 것과 마실 것을 주고 편안하게 해 주라는 것이다.

이븐 압바스가 또 다른 하디스를 전하고 있다. 도살될 양을 땅바닥에 눕혀 놓고 칼을 날카롭게 갈고 있는 한 사람을 보고 예언자께서 다음과 같이 꾸짖었습니다.

"당신은 양이 두 번 죽도록 할 작정이요? 양을 눕히기 전에 칼날을 날카롭게 하지 않았던가요?"(Al-Hakim)

우마르(Umar)가 도살하려고 양 한 마리를 질질 끌고 가는 어떤 사람을 보고 이렇게 말했습니다.

"당신에게 화가 있을 것이요. 예의를 갖추어 그 양을 죽음으로 안내하시오."(Abd Al-Razzaq)

위의 하디스 내용의 주안점은 동물을 사랑하고 동물을 도살할 때는 가능한 한 고통을 적게 하여 주라는 의미다. 이슬람 이전 사람들은 살아 있는 낙타의 혹을 자르기도 하고 살아 있는 양의 꼬리를 잘라 먹기도 하였다. 동물에 대한 야만적인 행위를 중단시키기 위해 예언자께서는 살아 있는 동물의 일부를 절단하여 먹는 행위를 금지하였다.

> "살아 있는 동물의 일부를 절단한 고기는 죽은 동물의 고기입니다."
> (Ahmad, Abu Dawood, Al-Tirmizi, and Al-Hakim)

(7) 도살될 동물

도살될 동물은 할랄 사료를 먹고 사육된 것으로 건강해야 하고, 관할 당국에 의해 승인된 것이어야 하며, 도살 시점에 반드시 살아 있어야 한다.

▸ 체구가 작은 동물

양, 소, 가금류와 같이 체구가 작은 동물은 기관, 식도, 경동맥, 경정맥을 절단한다. 그러나 척수는 절단하지 않는다.

▸ 체구가 큰 동물

낙타처럼 큰 동물은 목의 어떤 부분이든 상관없이 절단해 도축(nahr)한다. 기도와 식도 그리고 경정맥과 경동맥을 절단하지만 척수는 절단하지 않는다.

(8) 할랄 도축요건

▸ 도축인

도축인은 다음 4가지 조건을 갖추어야 한다. 무슬림(또는 여성 무슬림)으로, 정신적으로 건전(aqil)하며, 판별력(mumayiz)이 있어야 하고, '다브흐'방법을 알고 있어야 한다.

▸ 도축 도구

도살 고통을 최소화하기 위해 도구는 가장 예리해야 하고 도축에 사용되는 모든 도구는 할랄 전용이어야 하며 도살될 동물 앞에서 칼을 갈지 않는다.

▸ 도축기도(tasmiyah & takbir)

코란의 가르침에 따라 도살 직전에 타스미야를 한다. 타스미야(tasmiyah)는 비스밀라(bismillah), 즉 "하나님의 이름으로" 그리고 타크비르(takbir)는 알라후 아크바르(Allah Akbar), 즉 "하나님은 가장 위대하시다"는 뜻이다. '타스미야'만 해도 된다는 파트와가 있고 '알라후 아크바르'까지 해야 된다는 파트와가 있다. 초기 이슬람법학자들의 파트와가 그 차이를 보이고 있다.

이맘 말리크(Imam Malik)는 도축 시점에 고의적이거나 망각에 의한 실수라 할지라도 대상 동물에 대고 '타스미야'를 하지 않았다면 그 고기는 식용으로 허용되지 않는다고 하였고, 아부 하니파(Abu Hanifah)는 '타스미야'를 고의로 안했을 때만 식용으로 허용되지 않는다고 했고, 이맘 샤피(Imam Shafi)는 도축인이 '다브흐'를 할 자격이 있는 한 '타스미야'를 고의나 실수로 빠뜨렸다 할지라도 식용으로 허용된다는 파트와를 하였다.

※ 파트와

도살할 때 '타스미야'로 도살하라는 코란의 가르침은 이슬람의 최상위법이므로 도살할 때 반드시 '타스미야'를 해야 하나 고의가 아니고 잠깐의 실수로 '타스미야'를 빠뜨렸다 해도 식용으로 허용된다고 할 수 있다. 고의성이 없는 인간의 실수는 죄가 아니기 때문이다. 다음의 코란 내용에 근거하여 유추할 수 있기 때문이다.

"오래전에 나는 아담에게서 약속을 받았으나 그는 그것을 잊었노라. 그러나 나는 그에게서 불복하겠다는 그의 고의성을 전혀 발견하지 못했노라."(20:115)

▸ 기절에 의한 도살

사람의 힘으로 다루기 힘든 동물의 경우 기절시켜 도살하는 것이 허용되기도 하지만 기절은 권장사항이 아니다. 기절시키는 방법으로는 기계충격, 전기충격, 에어충격, 가스충격(CO_2), 가축총 충격이 있으나 가축총 충격은 볼트의 충격이 두개골 안으로 전달되어 뇌손상과 두개골 골절로 의식을 잃거나 두뇌세포의 오염도가 크기 때문에 하람이 된다. 그래서 관통 가축총과 비관통 가축총(버섯머리 총)의 기절방법은 동물을 죽음에 이르도록 하기 때문에 허락되지 않는다.

한편 전기충격은 허용되나 오직 머리에만 충격을 가해야 한다. 전기전압은 염소의 경우 0.75 암페어, 소는 2.0 암페어를 초과하지 않고 전기 지속은 3-6초 사이어야 한다. 닭이나 오리 등 가금류에 대한 열탕 기절법은 전류가 동물을 죽이지 않도록 조절해야 한다. 도살과정에서 할랄 약품이나 이산화탄소 가스 사용은 허용되지만 심한 고통을 주거나 죽게 해서는 안 된다.

(구체적인 내용은 부록 한국 이슬람교 할랄규정 KMF-BS2016 참조)

▸ 도체

동물이 완전히 죽기 전 귀, 뿔, 다리 같은 것을 해체하는 것은 도축예절에 벗어난 것이다. 그러므로 출혈이 끝나고 심장이 정지해 동물이 완전히 죽은 이후 도체를 해야 한다. 그런 후 가죽과 내장을 제거하고 살코기가 손상되지 않는 방식으로 발골 작업을 한다.

▸ 포장

할랄 포장재와 박스로 포장하고 할랄 제품이라는 것을 표시하기 위해 할랄 마크가 들어간 적절한 라벨을 부착한다.

▸ 보관

적절한 포장 또는 밀봉되어 있지 않은 한 냉동고 안에서 할랄 제품과 비할랄 제품은 격리시켜 보관해야 한다.

(9) 동물의 가죽, 뼈, 머리카락은 유용

죽은 동물에 대한 하람은 그것의 고기를 먹는 것에 대한 제한에 그친다. 그것의 가죽, 뿔, 뼈, 머리카락은 유용할 수 있고 또 실질적으로 유용해야 한다. 그것들을 버리는 것은 낭비요 이슬람에서 낭비는 허용되지 않기 때문이다. 다음은 이와 관련한 이븐 압바스의 말이다. "신앙인들의 어머니로 불리는 예언자 마이무나(Maymunah)에게 양 한 마리가 신물로 들어왔다. 그런데 그 양이 죽고 말았다. 예언자께서 죽은 양 옆을 지나다가 다음과 같이 말씀하셨다.

"왜 양의 가죽을 말려서 사용하지 않습니까?"

그러자 죽은 것을 어떻게 사용하느냐는 질문이 있었다. 다음은 이와 관련한 예언자의 말씀이다.

"금지된 것은 그것을 식용으로 섭취할 때입니다."(Ibn Majah)

그와 관련하여 예언자께서는 죽은 짐승의 가죽을 깨끗하게 하는 방법으로 햇볕에 말리는 것을 가르치셨다. 다음은 이와 관련한 예언자의 말씀이다.

"가죽을 말리는 것은 그것을 도살하는 것입니다."(Abu Dawood and Al-Nisai)

이 말은 도살에 의한 양고기나 소고기가 할랄이 되는 것처럼 가죽을 햇볕에 말리게 되면 할랄이 된다는 의미다. 다음은 이와 관련한 예언자의 말씀이다.

"햇볕에 말리면 불결한 것이 제거됩니다."(Al-Hakim)

"가죽을 햇볕에 말리면 깨끗해집니다."(Muslim)

후자에 대한 하디스 적용이 보편화되면서 개 또는 돼지의 가죽까지도 햇볕에 말릴 경우 허용되는 것으로 확대 해석되고 있다. 이 해석은 자히리(Zahiri) 법학파, 아부 유스프(Abu Yusuf) 법학파를 따르는 법학자들과 아부 하니파(Abu Hanifah)와 샤우카니(Al-Shawkani)의 제자들이 견해다. 예언자의 아내인 사우다(Sawdah)가 이렇게 말했다. "우리의 양 한 마리가 죽었을 때 우리는 그것의 가죽을 햇볕에 말려 가죽물통으로 사용하기도 하고 그 안에 종려나무 열매를 넣어 물이 달콤해지도록 하였습니다. 그리고 우리는 헐어서 쓰지 못할 때까지 그것을 사용하였습니다."(Al-Bukhari)

(10) 필요에 의한 것은 예외

위에 언급된 모든 하람들은 선택하는 상황에서 적용된다. 그렇지만 필요불가결할 경우에는 앞서 언급했듯이 다른 규범이 적용된다.

"하나님께서는 금지된 것과 불가항력의 경우를 너희에게 자세히 설명하였느니라."(6:119)

"죽은 고기와 피를 금지하셨고 돼지고기와 하나님의 이름으로 도살되지 아니한 것도 금지하셨노라 그러나 필요에 의한 불가항력으로 한계선을 넘지 않는 경우는 예외라 실로 하나님께서는 가장 관대하시고 가장 자비로운 분이시니라."(16:115)

하나님께서는 죽은 동물의 고기, 피 등을 금지하신 후 다음과 같이 말씀하셨다.

"그러나 자의가 아니고 어쩔 수 없이 한계를 넘지 않는 분량을 먹었을 경우에는 죄가 되지 않느니라. 실로 하나님께서는 너그러우시고 자비로운 분이시니라."(2:173)

필요불가결한 것에 대해 이슬람법학자들은 기아상태에 있게 될 때 금지된 음식 이외 할랄 음식을 구할 수 없을 경우 기아상태에서 벗어날 수 있는 양으로 해석하고 있다. 일부 법학자들은 그렇디 하디라도 최소 낮과 밤 하루는 하람 음식을 피해야 한다는 견해를 갖고 있다.

이러한 경우에 기아상태에서 벗어나 목숨을 건질 수 있는 양만큼만 하람 음식을 먹을 수 있다고 했다. 다음은 이맘 말리크(Imam Malik)의 견해다.

"기아상태를 완화시켜 줄 정도이므로 생명을 유지하는 것 이상은 먹지 않아야 합니다."

하람 음식을 원해서도 안 되고 초과해서도 안 된다는 하나님의 말씀은 필요 이상으로 먹지 않는다는 것을 의미한다. 기아상태에서는 필요불가결한 것이라고 코란은 언급하고 있다.

"굶주림에 시달리는 사람이라 할지라도 죄악에 기울이지 아니한 자는 하나님의 관용과 자비를 받을 것이니라."(5:3)

(11) **필요불가결한 약품**

금기의 식품재료가 들어간 의약품 복용에 관한 이슬람법학자들 견해는 서로 다르다. 일부 법학자들은 하디스를 인용하여 의약품의 경우 음식처럼 필요불가결한 범주에 속하지 않는다고 하였다. 다음은 이와 관련한 예언자의 말씀이다.

"분명히 하나님께서는 여러분에게 금기한 것에서 치료를 제공하지 않았습니다."(Al-Bukhari)

다른 법학자들은 생명의 보존을 위해서는 의약품도 음식과 같다고 보았다. 그래서 하람의 재료가 들어간 의약품은 사용될 수 있다고 하면서 예언자의 허용을 그 근거로 삼았다. 압둘라흐만(Abdurahman ibn Awf)과 주바이르(Al-Zubair ibn Al-Awwam)가 옴에 걸렸을 때 남성에게 금지된 실크 옷 착용을 허용하였기 때문이다.

후자의 견해가 이슬람 정신에 근접하고 있다고 볼 수 있다. 모든 규정과 가르침이 생명의 보존에 관심을 갖고 있기 때문이다. 그러나 하람 재료가 들어간 의약품을 복용할 때는 환자의 생명이 그 의약품을 복용하지 않으면 위험할 경우, 할랄 의약품이 없고 그에 대한 대체 의약품과 다른 대안이 없을 경우 그리고 하나님을 두려워할 뿐만 아니라 무슬림 전문의가 처방한 약품이어야 한다.

(12) 공동체가 할랄 식품을 충분히 비축하고 있다면 필요불가결의 식품 불필요

개인은 충분한 식품을 보유하고 있지 않지만 공동체 또는 국가가 여분의 할랄 식품을 비축하고 있을 경우에는 그 개인에게 예외조항이 적용되지 않는다. 왜냐하면 이슬람 공동체는 한 몸의 각 기관이 서로 지탱하고 또는 하나하나의 벽돌이 서로 지탱하면서 튼튼한 성이 되는 것처럼 서로가 서로를 돕고 지원하기 때문이다. 저명한 이슬람법학자 이맘 이븐 하즘(Imam Ibn Hazm)은 사회적 연대의 개념을 다음과 같이 피력하고 있다.

무슬림 개인 또는 이슬람 공동체가 할랄 식품을 비축하고 있다면 무슬림은 금기된 죽은 동물의 고기나 돼지고기를 먹어야 할 예외 상황에 있지 않습니다. 음식을 갖고 있는 무슬림이나 이슬람 공동체는 배고픈 무슬림에게 음식을 제공할 의무가 있으므로 배고픈 무슬림은 죽은 짐승의 고기나 돼지고기를 먹을 필요가 없습니다. 만일 여분의 할랄 음식을 갖고 있는 자가 배고픈 자에게 음식을 제공하기를 거절한다면 후자는 음식을 얻기 위해 투쟁할 권리를 가지며 만일 싸우다가 후자가 죽을 경우 전자는 살인자가 되어 끼싸스(qisas) 형벌을 받게 됩니다. 그러나 만일 후자가 전자를 살해했을 경우 전자는 하나님의 저주를 받습니다. 왜냐하면 후자의 권리를 거절했으며 이것은 불의를 행한 것이기 때문입니다. 다음은 이와 관련한 코란의 말씀이다.

> "한쪽이 다른 쪽에 불의를 행하는 경우에는 불의를 행한 쪽이 하나님의 법을 따를 때까지 그에 대항하여 싸울 것이니라."(49:9)

형제의 권리를 거절하는 자는 하나님에 대한 반역자라고 하였다. 아부 바크르(Abu Bakr Al-Siddiq)가 이슬람세 지급을 거절한 자들에게 대항하여 싸웠기 때문이다.

제3부

할랄 인증조건과 절차

할랄 인증은 소비자들에게 샤리아의 목적(maqasid al-shariah)과 일치하는 식품 및 서비스를 제공하는 데 있다.

샤리아 위원회의 파트와

기술위원회의 기능검사

2017

KMF 할랄 인증 절차와 사례

1. KMF 할랄 인증 역사

2. KMF 할랄 인증 현황

3. KMF 할랄 인증 절차

4. 할랄 제품 관리

5. KMF 할랄 제품 관련 사례

6. KMF 할랄 규정

1. KMF 할랄 인증 역사

1994. 대한민국 최초 공식 할랄 인증업무 시작

2012.4. KMF 임직원 JAK IM 및 HDC HALAL 교육 이수

2012.5. 할랄 세미나 개최

싱가포르 MUIS의 인증허가 취득

2013.7. 말레이시아 JAKIM의 인증허가 취득

2015.6. 타이완 THIDA와 상호인증 체결

2015.7. 말레이시아 JAKIM의 인증허가 취득

2015.12. 싱가포르 MUIS의 인증허가 취득

2017.1. 식약처 인증기관으로 등록

■ KMF 해외 할랄 인증 허가

2013. 말레이시아 JAKIM의 인증허가 취득

2015. 대만 THIDA와 상호 인증 체결

2016. 싱가포르 MUIS의 인증허가 취득

2016. 현재 인도네시아 MUI, 아랍에미리트 ESMA와 MOU 추진 중

KMF 할랄 인증의 국제적 공신력 강화를 위해 노력

2. KMF 할랄 인증 현황

SAMYANG
화끈한 매운맛!
불닭볶음면
HOT
Stir-fried Noodle
EXTREMELY SPICY
Chicken
Flavor Ramen
HALAL
NOODLE SOUP

아워홈
OURHOME

Turkey
KERVAN
TURKISH RESTAURANT

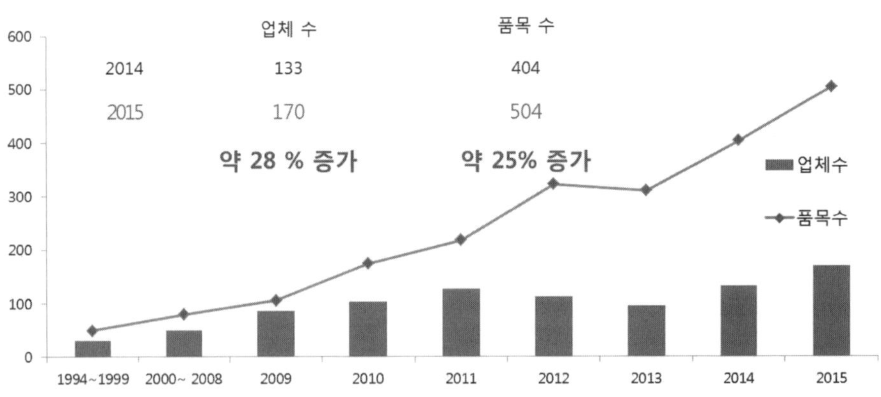
업체 수
품목 수
2014
133
404
2015
170
504
약 28 % 증가
약 25% 증가
업체수
품목수
600
500
400
300
200
100
0
1994~1999
2000~ 2008
2009
2010
2011
2012
2013
2014
2015

■ 할랄인증

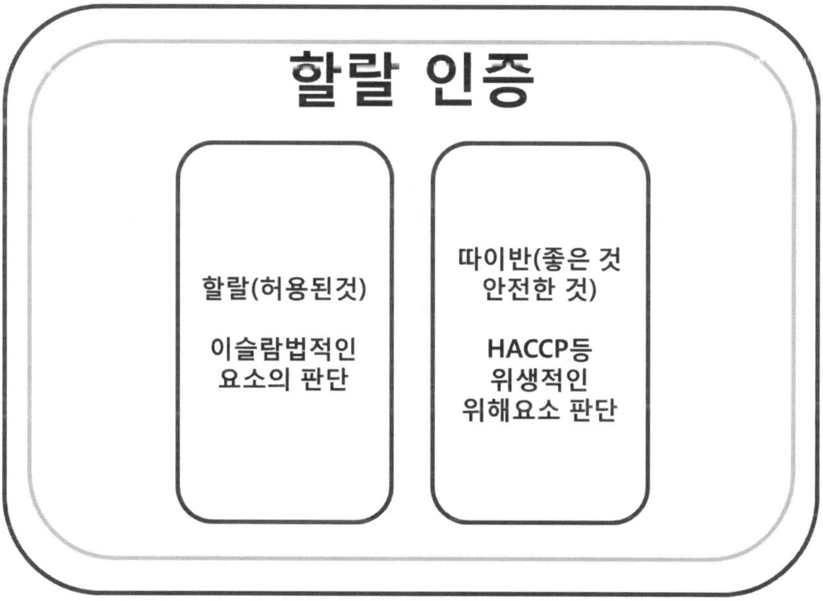

할랄 인증

할랄(허용된것)

이슬람법적인
요소의 판단

따이반(좋은 것
안전한 것)

HACCP등
위생적인
위해요소 판단

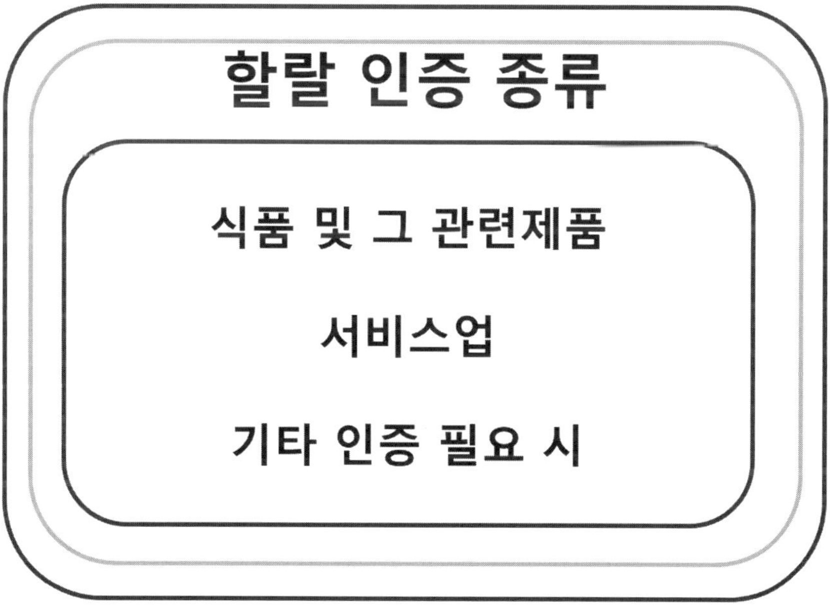

할랄 인증 종류

식품 및 그 관련제품

서비스업

기타 인증 필요 시

■ KMF 할랄 인증

인증기간

- 품목제조보고서에 의한 제품 단위 인증
- 인증 기한 1년
- 조건 충족 여부에 따라 2년

∨ 국내 기업을 대상으로 인증업무 수행

∨ 해외인증 대비 비용이 저렴하고 신속함

∨ 해외 인증기관과 교차인증

■ KMF 할랄 인증

구분	해외 인증 (컨설팅 이용)	한국 이슬람교	기타 (국내인증 등)
컨설팅 비용	약 2천만 원	없음 (인증 신청 시 혹은 인증 준비 시 계속적으로 조언함)	약 5백만 원 ~ 2천만 원
인증 비용	품목 당 약 1~2천만 원	품목당 총비용 약 100만 원	품목당 5백만 원~ 1천 5백만 원
공신력 (수출 가능 여부)	수출 가능 (국가마다 다름)	수출 가능	수출 불확실
국내 광고 여부	등록 시 가능	광고 가능	불가능
인증 소요 기간	약 3~12개월	약 2~3개월	약 3개월

3. KMF 할랄 인증 절차

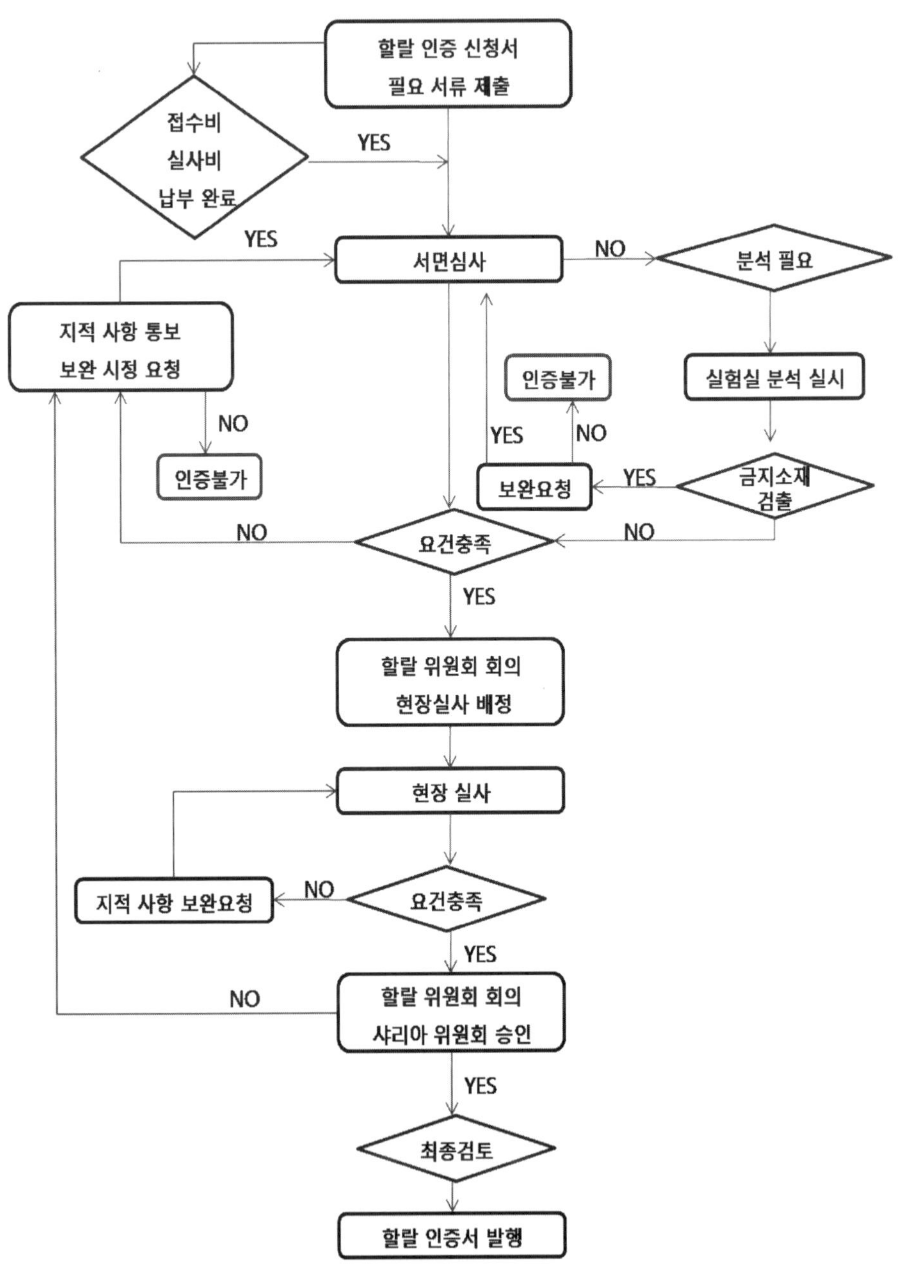
할랄 인증 신청서
필요 서류 제출
접수비
실사비
납부 완료
YES
YES
서면심사
NO
분석 필요
지적 사항 통보
보완 시정 요청
인증불가
실험실 분석 실시
NO
YES
NO
인증불가
보완요청
YES
금지소재
검출
NO
요건충족
NO
YES
할랄 위원회 회의
현장실사 배정
현장 실사
지적 사항 보완요청
NO
요건충족
YES
NO
할랄 위원회 회의
사리아 위원회 승인
YES
최종검토
할랄 인증서 발행

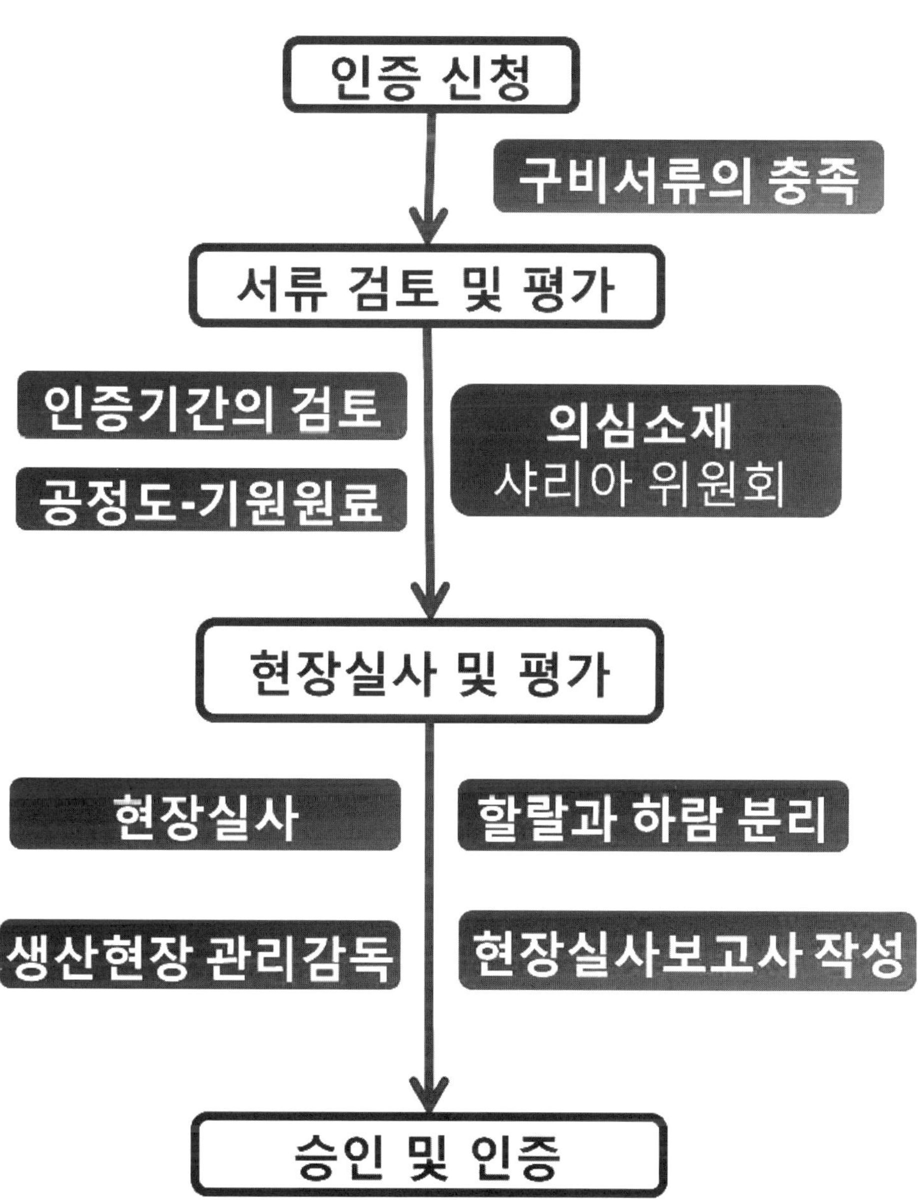

인증 신청
구비서류의 충족
서류 검토 및 평가
인증기간의 검토
공정도-기원원료
의심소재
샤리아 위원회
현장실사 및 평가
현장실사
할랄과 하람 분리
생산현장 관리감독
현장실사보고서 작성
승인 및 인증

∨ 할랄 인증 신청서 구비 서류 제출

∨ 인증 품목은 품목제조 보고서 기준

- 동일 배합비 및 동일 제조방식의 제품이라도 품목제조 보고서가 다르면 각기 신청

	한글명	영문명
회사명	한글 회사명	인증서에 기재될 **영문 회사명**
주소	한글 주소	인증서에 기재될 **영문 회사(판매원, 제조원) 주소**
상품명	한글 상품명	인증서에 기재될 **제품의 영문명**
신청인	담당자 이름, 회사	전화번호, 휴대전화번호, 이메일

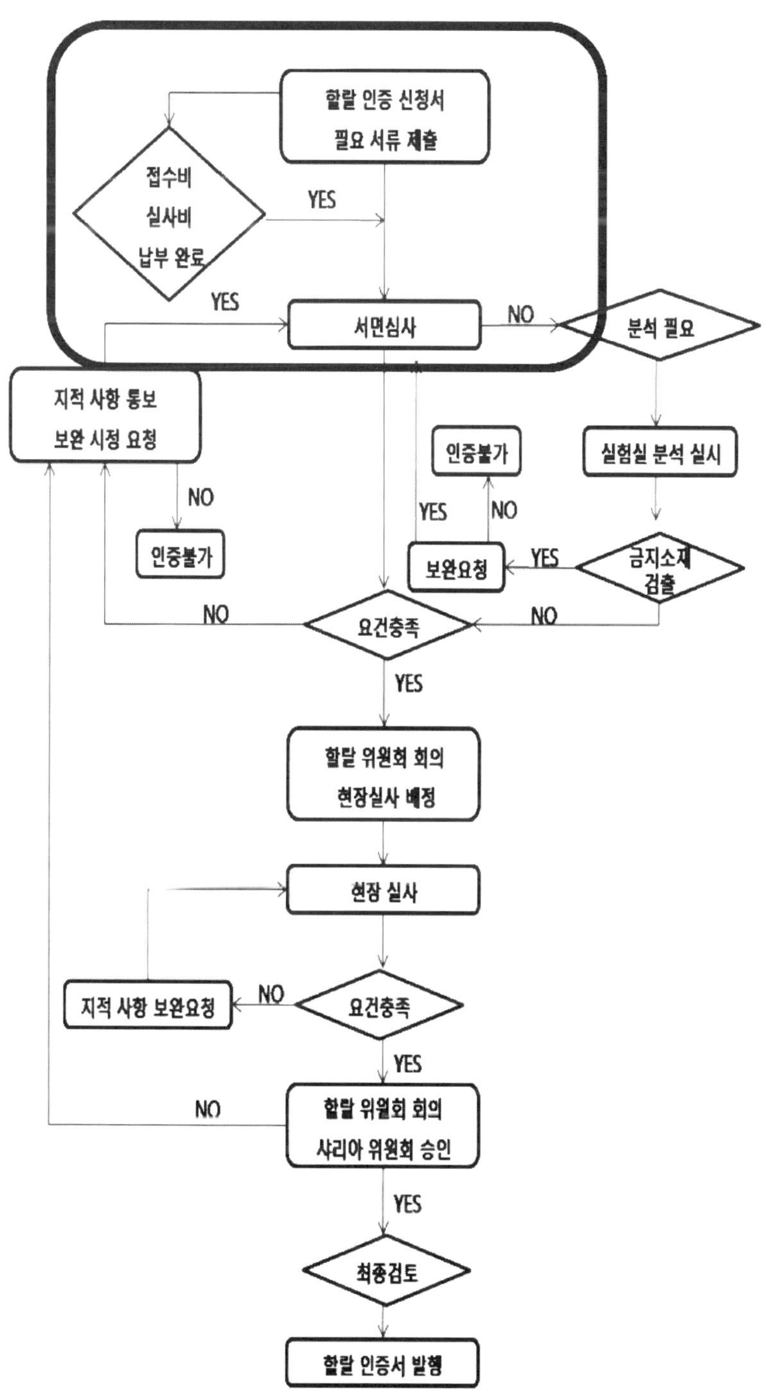
할랄 인증 신청서
필요 서류 제출
접수비
실사비
납부 완료
YES
YES
서면심사
NO
분석 필요
지적 사항 통보
보완 시정 요청
NO
인증불가
인증불가
실험실 분석 실시
YES
NO
보완요청
YES
금지소재
검출
NO
요건충족
NO
YES
할랄 위원회 회의
현장실사 배정
현장 실사
지적 사항 보완요청
NO
요건충족
YES
NO
할랄 위원회 회의
사리아 위원회 승인
YES
최종검토
할랄 인증서 발행

◇ 구비 서류

1. 할랄 인증 신청서
2. 사업자 등록증
3. 공장등록증
4. 사용된 원료의 품목제조보고서
5. 사용된 원료의 제조공정도
6. 사용된 효소의 유래를 확인할 수 있는 서류
7. 사용된 원료의 시험성적서
8. 생산허가서 또는 영업허가서(영업신고증)
9. 샘플(판매되는 최소단위)
10. 원재료 표기 리스트
11. HACCP, GMP, GHP, ISO 등 기타 인증서 사본

서류 검토 중 추가 서류 요구

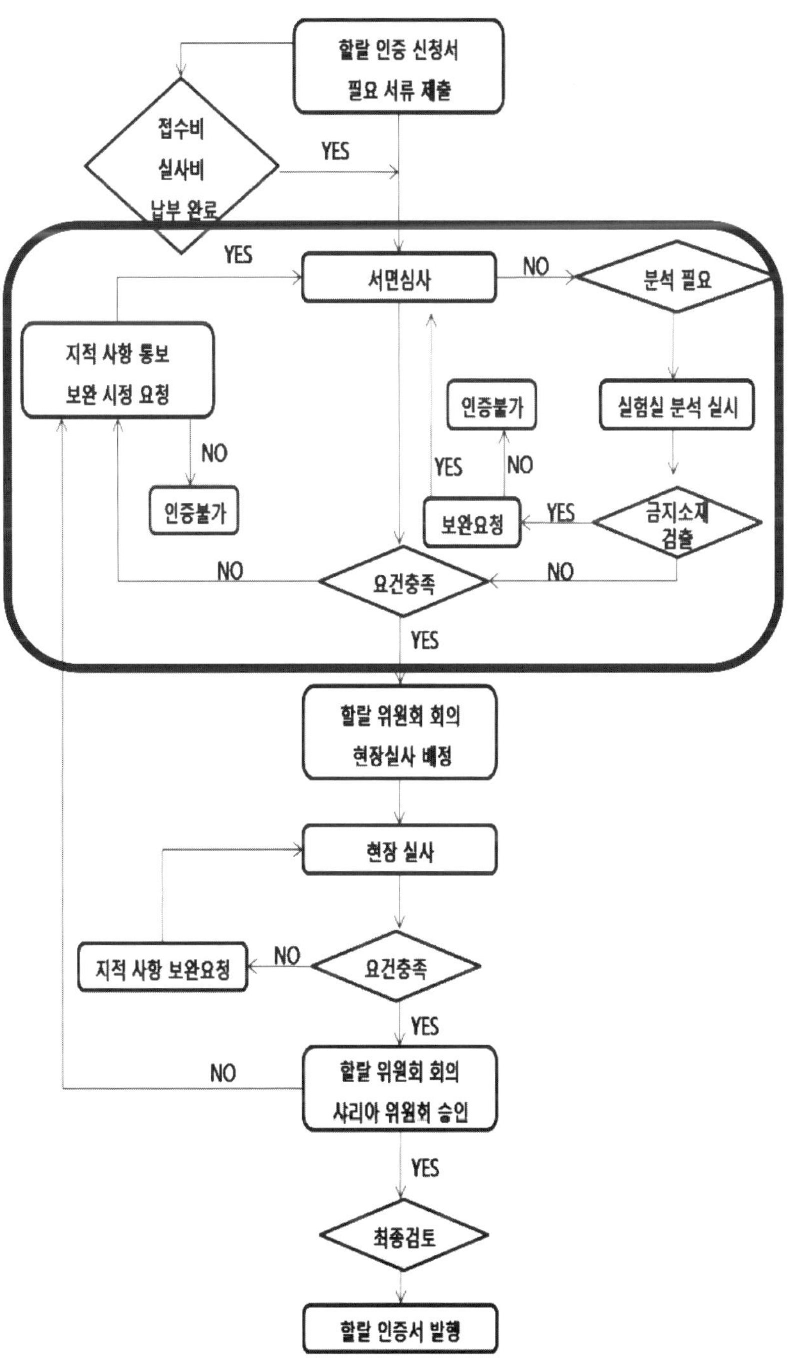
할랄 인증 신청서
필요 서류 제출
접수비
실사비
납부 완료
YES
YES
서면심사
NO
분석 필요
지적 사항 통보
보완 시정 요청
인증불가
실험실 분석 실시
NO
YES
NO
인증불가
보완요청
YES
금지소재
검출
NO
요건충족
NO
YES
할랄 위원회 회의
현장실사 배정
현장 실사
지적 사항 보완요청
NO
요건충족
YES
NO
할랄 위원회 회의
샤리아 위원회 승인
YES
최종검토
할랄 인증서 발행

◇ 소재 관련 구비 서류

사용 소재가 할랄 인증서를 가지고 있는 경우

1. 사용된 원료의 품목제조보고서
2. 소재의 할랄 인증서(유효기간 확인 후 접수 요망)
3. 거래 명세서, 수입 신고 확인증

서류 검토 중 추가 서류 요구

◇ 소재 관련 구비 서류

● 사용 소재가 할랄 인증서를 가지고 있지 않은 경우

1. 수입 신고 확인증
2. 사용된 원료의 품목제조보고서
3. 사용된 원료의 제조공정도
4. 제조공정 중 효소를 사용할 경우, 사용된 효소의 유래를 확인할 수 있는 서류와 효소의 배양액에 대한 원료 리스트, 각 원료의 제조공정도, 균주기탁서
5. 사용된 원료의 시험성적서
6. 납품회사의 동물성 원료 및 금지된 공정(예: 방사선 조사)을 사용하지 않았다는 확인서
7. 수입원료–사용된 모든 원료의 각각의 수입신고 확인증
8. 국산농수축산물–원산지 확인 증명서, 농약, 중금속 시험서
9. 수입 농수축산물–원산지 확인 증명서, 농약, 중금속 시험서
10. 국내 수산물 및 일본산 생산품–방사능 확인 증명서(소금 포함)
11. 주정이 제조공정에 0.5% 이내로 사용된 경우–완료 생산품의 잔류 에탄올 분석 확인서
12. 동물성 유래의 원료를 사용한 경우 반드시 할랄 인증서를 제출(우유, 달걀 제외)

■ KMF 할랄 인증절차(현장실사)

1. 회사 소개 및 제조과정에 대한 설명(프레젠테이션)
2. 질문에 대한 답변
3. 창고실사: 할랄 원료와 비할랄 원료가 함께 보관되어서는 안 됩니다(별도보관).
4. 제조과정 실사: 원료 투입부터 포장단계까지 실사(포장 후 출고까지도 할랄 상품과 비할랄 상품은 구별 및 별도 보관되어야 합니다.)
5. 서류심사: 제품에 사용된 원료와 제출한 서류의 원료를 비교 검토 합니다.

원료입고 — 보관/이송 — 가공

원료입고

검사	• 원료 일치여부 확인 • 식별표시 부착(원재료) • HARAM 혼재여부 확인

보관/이송

시설	• 비할랄 원료와 구분보관 • 식별표시 부착(보관장소)
도구	• 이동수단 구분

가공

계량	• 전용계량도구 사용 • 식별표시 부착 • 사용 기록관리
변형	• 제조과정 중 변화 (당 → 알코올 → 초산)
설비	• HARAM사용 공정과 생산 라인공유 불가 • 설비 위생확인

제품검사 — 보관/출하

제품검사

검사	• HARAM 함유여부 검사 (동물성, 알코올, GMO)

보관/출하

표시	• 식별표시 부착 (완제품)

환경

작업자	• 개인위생 상태 점검 • 전용 개인위생장구 사용
시설	• 구내식당 식단관리 • 휴게실, 흡연구역 관리

교차	• 비할랄 물질의 혼입 (작업자,설비,도구)
환경	• 오염시설 위치 금지 • 야생동물 침입 차단

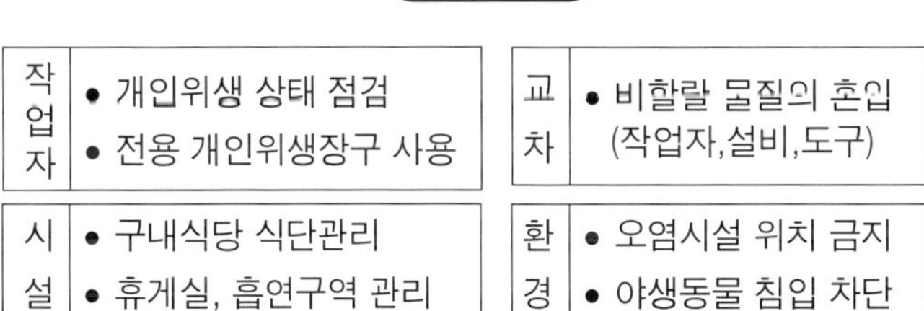

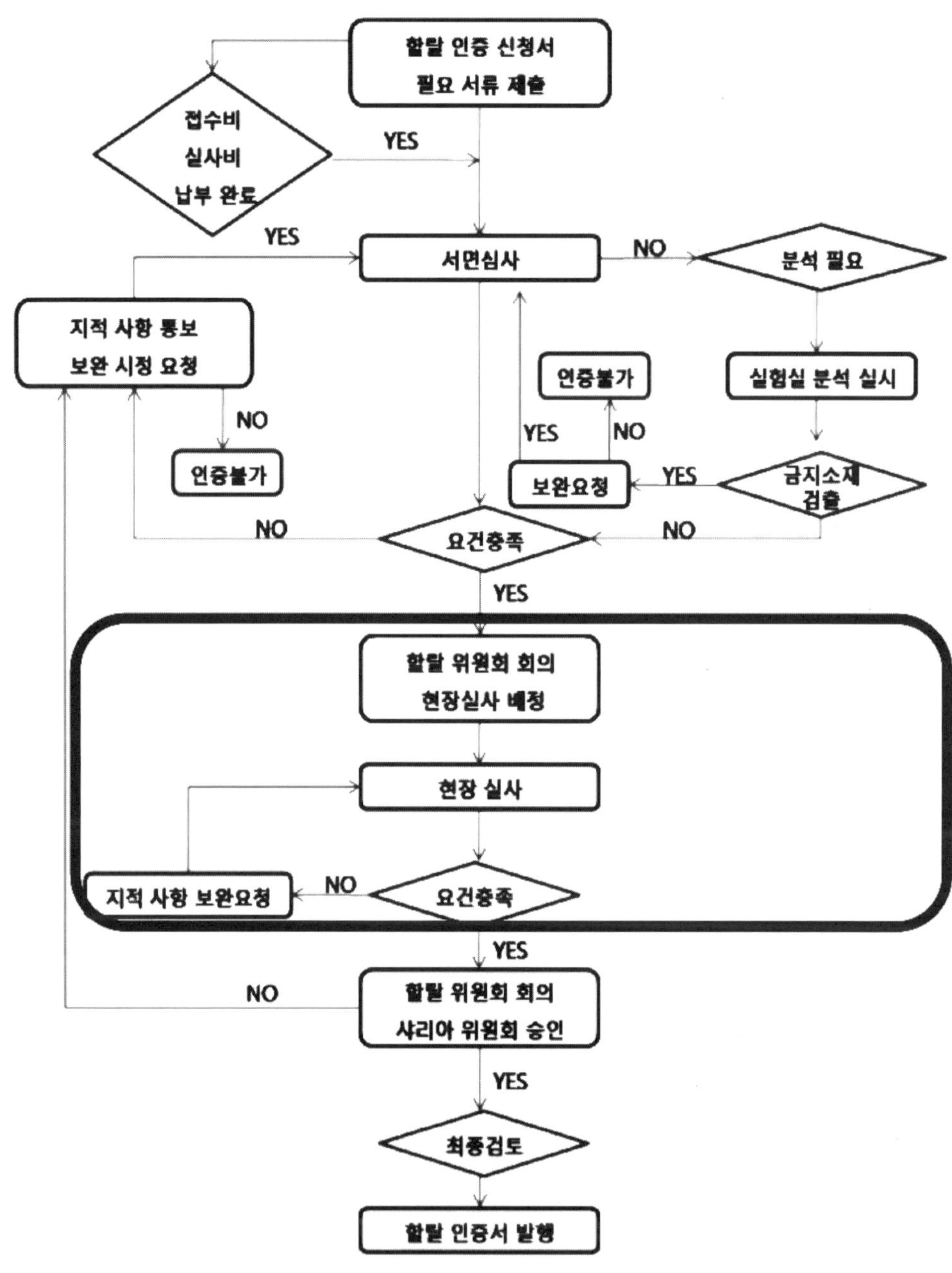
할랄 인증 신청서
필요 서류 제출
접수비
실사비
납부 완료
YES
YES
서면심사
NO
분석 필요
지적 사항 통보
보완 시정 요청
인증불가
실험실 분석 실시
NO
인증불가
YES
NO
보완요청
YES
금지소재
검출
NO
요건충족
NO
YES
할랄 위원회 회의
현장실사 배정
현장 실사
지적 사항 보완요청
NO
요건충족
YES
NO
할랄 위원회 회의
샤리아 위원회 승인
YES
최종검토
할랄 인증서 발행

■ KMF 할랄 인증 절차

∨ 보관시설

제품 구분 미흡

∨ 원재료

제품 구분 개선

∨ 이동수단

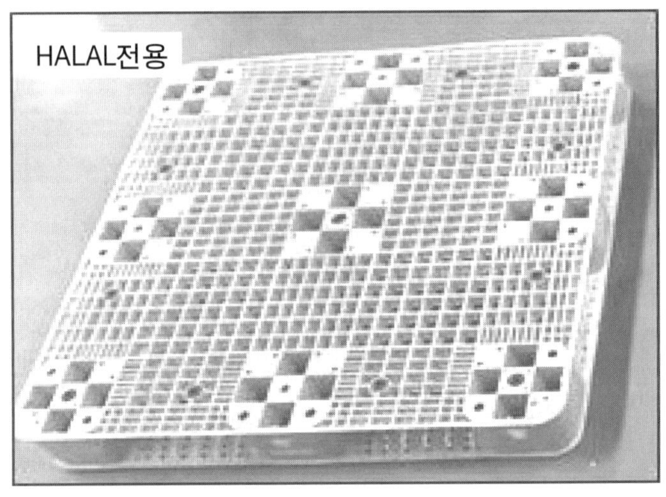

이동수단[팰릿(pallet), 핸드카]의 구분사용
(HARAM물질에 의한 교차오염 가능성 높음)

∨ 교차 오염

계량도구

∨ 작업자

작업자 위생 점검표

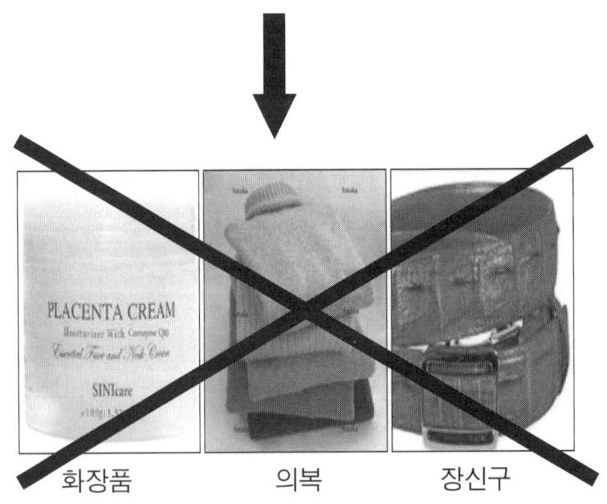

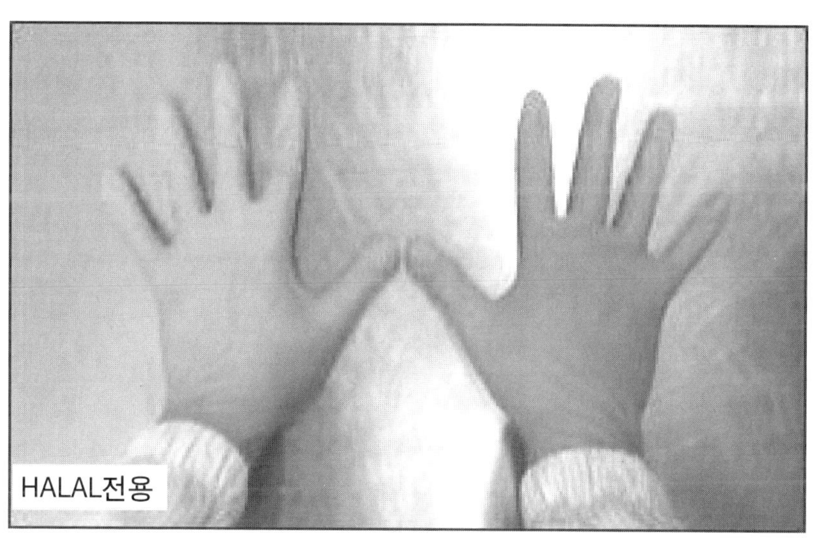

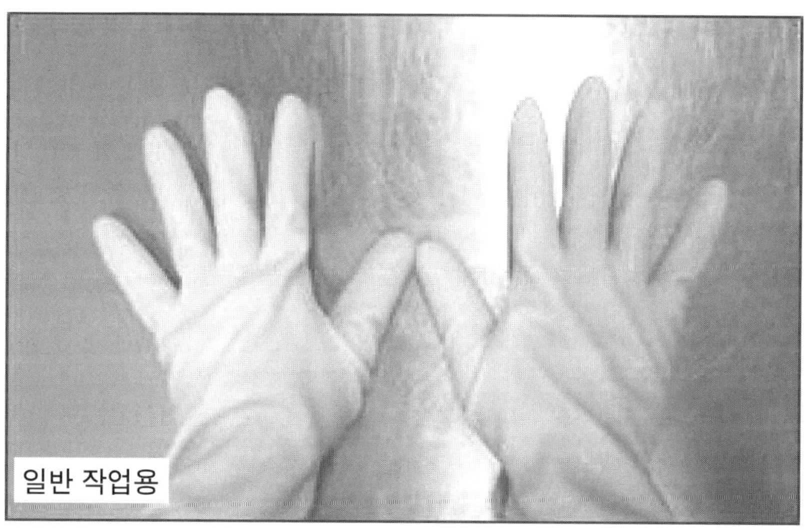

작업 도구 구분 사용
개인 위생 확인
(HARAM과 교차 오염 방지)

∨ 검사 성적서

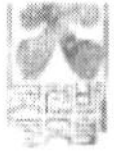

kogenebiotech co.,ltd.

Animal Species Analysis Report

Kogene code : Kogene AN2016-0008
Customer : Samyang Foods Co., Ltd
177, Usan-ro, Wonju-si, Gangwon-do, 220-955 Korea
Sample received : 20/04/16
Report Date : 27/04/16
Sample Description
- Name : HOT CHICKEN RAMEN SAUCE
- Expired date :
- Weight : 300 g

Test : Animal species-specific gene detection
Target species : Bovine, Porcine, Sheep
Method
1) DNA Prep : PowerPrep™ DNA Extraction from Food and Feed Kit
2) Real-Time PCR : Test was performed by Real-time PCR(AB 7500) with *Bovine,Porcine,Sheep* specific primer/probe pairs, respectively.

Result

Analysis	Result
• Bovine-specific gene	Not detected
• Porcine-specific gene	Not detected
• Sheep-specific gene	Not detected

Disclaimer : The results shown in this report relate strictly to the sample submitted for analysis to KOGENE BIOTECH Co., Ltd

SIGNATURE
Yong Sal Nam, PhD
Director of Laboratory
KOGENEBIOTECH CO., LTD

돼지유래 성분, 하람성분, 알코올 성분 검사 성적서

∨ 보관 시설

완제품 보관

제품 구분 미흡

제품 구분 개선

∨ 생산 시설

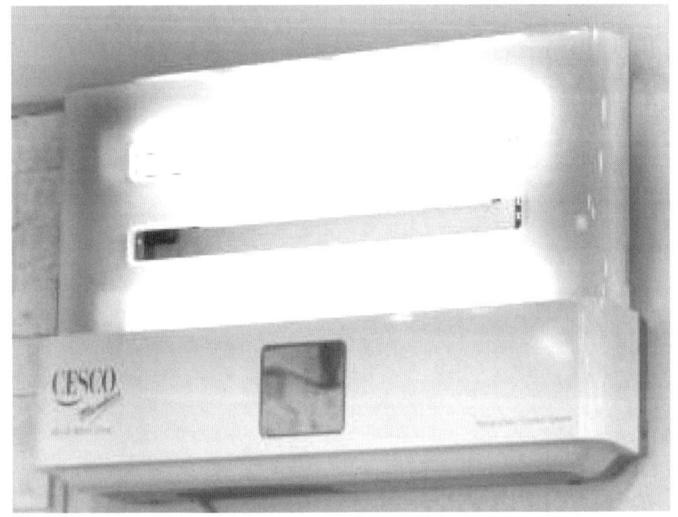

곤충, 쥐 등 오염방지

∨ 주변 환경

새, 개, 고양이, 쥐 등의 침입 차단 펜스 설치

∨ 보완 사진

4. 할랄 제품 관리

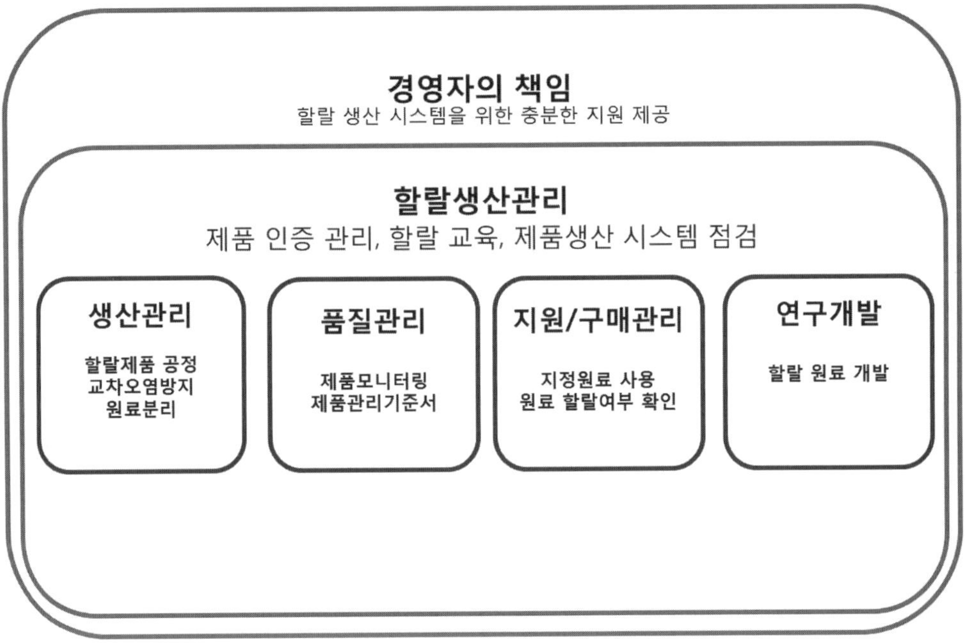

경영자의 책임
할랄 생산 시스템을 위한 충분한 지원 제공

할랄생산관리
제품 인증 관리, 할랄 교육, 제품생산 시스템 점검

생산관리
할랄제품 공정
교차오염방지
원료분리

품질관리
제품모니터링
제품관리기준서

지원/구매관리
지정원료 사용
원료 할랄여부 확인

연구개발
할랄 원료 개발

■ 인증 시 주의사항

- 할랄 인증서의 유효기간은 인증서 발급 후 1년 동안이며 1년 단위로 갱신이 이루어집니다.
- 할랄 인증 6개월 후 중간 모니터링을 행하며 할랄 생산관리가 적절하지 못하다고 판단될 경우 할랄 인증이 취소될 수 있습니다.
- 한국이슬람 중앙회에서 개최하는 할랄 세미나에 참석하여 교육을 받으면 중간 모니터링이 대체됩니다.
- 공장 내에 이슬람 율법에 의해 도살되지 않은 육류 및 할랄 인증을 받지 않은 동물성 원료가 함께 사용된다면 할랄 인증이 되지 않습니다.
- 원료입고에서부터 공장 내 생산라인(제조, 운송, 저장)은 할랄 전용이어야 하며 다른 생산라인과 분리되어 교차오염의 가능성이 없어야 합니다.
- 식용기름은 인체에 유해하지 않은 식물성 기름과 이슬람법에 따라 사용이 가능한 동물의 기름만을 인정합니다.
- 제출한 서류의 변동사항은 즉시 알려야 하며 할랄 식품생산에 적절하지 못하다고 판단될 경우 할랄 인증이 취소될 수 있습니다.
- 할랄 인증서 발급 시 필요하다고 판단될 경우 확인서와 검증받은 분석기관의 데이터를 요구할 수 있습니다.
- 하청업체에서 공급받는 원료 또한 모두 할랄제품이거나 이에 준하는 자격을 가져야 합니다.

- 할랄 인증을 받은 후 사실과 다른 것이 확인될 경우 그 즉시 취소가 가능합니다.
- 접수된 서류는 일체 반환되지 않으며 할랄 인증 부적합 또는 할랄 인증 접수 취소 요청 시 즉시 폐기됩니다.

5. KMF 할랄 제품 관련 사례

관련 사례 — 인증제품 소개

— 할랄 관리 사례

농산물: 진주배

진주시 올해 대만에 햇배 첫 수출

2016년산 햇배 대만시장 16.2톤 선적

2016년 08월 14일(일) 21:40:43

▲ 2016년산 햇배 대만시장 16.2톤 선적/박○○ 기자(사진=진주시)

(뉴스메이커=박○○ 기자) 신선농산물 수출 제1의 도시로 농산물수출을 주도적으로 추진해오는 진주시는 8월 12일 2016년산 햇배(원황) 16.2톤(37백만원)을 대만으로 수출했다고 밝혔다.

식품: 신라면

식품: 바나나 우유

바나나맛우유·메로나, 이슬람 할랄 시장도 진출

[뉴스토마토 정○○ 기자] 빙그레(005180)의 대표적인 수출 품목인 바나나맛우유와 메로나가 할랄식품 시장에 진출한다.

13일 업계와 식품의약품안전처 등에 따르면 바나나맛우유 3종과 메로나 4종 등 총 7종의 빙그레 제품이 지난 6일 말레이시아 정부로부터 수출 품목으로 인정받았다.

말레이시아로 유제품을 수출하기 위해서는 말레이시아 이슬람개발부(JAKIM)가 인정하는 기관에 할랄 인증을 받아야 하며, 국내에서는 한국이슬람중앙회(KMF)가 인정 기관으로 운영되고 있다.

이번에 한국이슬람중앙회는 서울우유의 우유, 가공유, 빙그레의 우유, 가공유, 아이스크림에 대해 할랄 인증을 부여했다.

빙그레의 7종 제품은 말레이시아 수의부(DVS)와 수출위생증명서 서식 등의 협의를 거친 이후 현지에 본격적으로 수출될 예정이다.

레스토랑: 케르반

■ 할랄 제품 관리-고려사항

● **MUI 할랄 이슈**

인도네시아에 유통되는 모든 공산품에 할랄 인증 의무화

제품의 생산에 관련되는 모든 과정을 할랄 규정에 따라야 함

중간 제품 알코올 함량 1% 미만

인증 기관 신설, 인증 절차 세분화

할랄 인증은 인도네시아 정부의 규제 사항 아님

● **현지제품과 차별**

한국산 강조—우수한 품질에 대한 인지도 이용

할랄 인증을 통해 소비자들에게 안전성 제공

● **구분 유통**

동일한 제품명의 할랄 제품과 비할랄 제품의 확실한 구분 유통

소비자의 문의 및 컴플레인 발생 시 신속한 대응 필요

● **중간 소재의 사용**

인증기관에 따라 상이한 차이

KMF는 알콜올이 함유된 중간 소재에 있어 알코올 함유에 제한을 두지 않으나 사용된 알코올의 조건을 검토

● **할랄에 대한 인식**

할랄 인증은 수출 대상국에서만 받을 필요 없음

이슬람 국가에 수출하기 위한 필수 조건은 아님

할랄 인증이 법적 강제 사항은 아니나 말레이시아의 경우

정부가 인정하는 인증기관의 할랄 마크가 아닐 경우 위법

- **잔류 알코올**

현재 알코올 정량에 대한 국제 규정 없음

한국 식품 연구원의 알코올 정량 성적서 및 회사 정량 성적시 사용

- **UAE 할랄 이슈**

연방 표준 측량청 ESMA에서 할랄 마크 및 할랄 인증서의 발급 관리 감독의 역할 수행

발표 당시 모든 식품에 UAE 할랄 마크를 강제 하겠다고 보고

현재 할랄 마크 취득이 강제 사항은 아님

할랄제품 유통 시스템 구축의 초기 단계

— 다양한 공산품으로의 확대 예정

- **할랄 인증 활용**

■ KMF 실사 체크리스트

KMF HALAL AUDITING CHEEK LIST

품 목	검 사 사 항	결 과	
		양 호	불 량
서 류	제출서류와 보유 서류의 일치 여부		
	자체 할랄 규정 서류 구비 여부		
	변동 사항에 대한 시행 여부		
	보완점에 대한 시행 여부		
창 고	할랄 원자재 보관 조건(위생규정 준수 여부)		
	할랄과 비할랄 원료 별도 보관		
	보관된 자재와 서류상 자재의 동일 여부		
	할랄 원자재와 비할랄 원자재의 교차 사용 위험 여부		
	출고 전 할랄 완제품의 별도 보관 여부		
	출고 과정 중 비할랄 완제품 혼입 여부		
생산 라인	부대시설(탈의실/화장실/식당 등)의 작업장과 분리 여부		
	출입구의 세척설비 (손세척기, Air Shower기 등) 구비 여부		
	현장 내 위생복 착용 여부		
	현장 내 청결상태(할랄 제품 생산기준) 여부		

	할랄 제품 생산에 적합한 규정 제정 여부		
	교차 오염방지 시설 설치		
	할랄과 비할랄 제품의 별도 생산		
	교차 오염방지를 위한 모니터링 기록		
	할랄제품 생산-관리 시행을 검증할 수 있는 방법설정		
	작업원의 할랄 교육 이수 여부		
	작업원의 무슬림 고용여부		
	작업원의 위생수칙 및 할랄 규정 준수 여부		
	설비 세척 및 CIP 규정준수 여부		
	할랄 제품 생산 공정 중 비할랄 요소 혼입 가능성		
	공장 근처의 돼지(개) 사육 여부		
운 송	할랄 제품 운송 차량 주차 공간 구획		
	허가된 할랄 제품 운송차량 사용		

6. KMF 할랄 규정

한국 이슬람교 할랄 규정

(할랄 식품의 생산, 제조 · 가공, 취급, 보관 및 유통 등에 관한 지침)

KMF-BS2016

2016년도

Board of Sharia

Korea Muslim Federation

개 요

이 규정은 한국 이슬람교 샤리아 위원회(Board of Sharia)의 권한에 따라 할랄 식품의 생산, 제조 · 가공, 취급, 보관 및 유통 등에 관한 지침을 정한 것이다. 한국 이슬람교 샤리아 위원회는 코란과 하디스, 그리고 대한민국의 관련 법령과 규칙을 기본으로 규정을 정했다. 다음은 이 규정과 관련하여 제시된 대표적인 코란 구절들이다.

"오 믿는 자들이여, 지상에 있는 허용된 좋은 것을 먹어라, 그리고 사탄의 발자취를 따르지 말라. 사탄은 실로 너희들의 분명한 적이니라."(2:168)

"오 믿는 자들이여, 하나님께서 너희에게 베푸신 양식 중에서 좋은 것을 먹어라, 그리고 하나님께 감사하고 그분만을 경배하라. 그리고 죽은 고기와 피와 돼지고기를 먹지 말라. 또한 하나님의 이름으로 도살하지 아니한 고기도 먹지 말라."(2:172-173)

"너희에게 허락되지 아니한 것이 있으니 그것은 죽은 고기와 피와 돼지고기와 하나님의 이름으로 도살되지 않은 고기와 목 졸라 죽인 것과 때려서 죽인 것과 떨어져서 죽은 것, 그리고 서로 싸워서 죽은 것과 다른 야생동물이 일부를 먹고 남은 것과 우상에게 제물로 바쳤던 것과 화살에 점성을 걸고 잡은 것이니 이것들은 불결한 것이니라. 음용이 허락된 것이 무엇인지 묻거든 말하라 그것은 하나님께서 허용한 깨끗한 좋은 것들이라. 또한 하나님의 가르침에 따라 길들여진 짐승과 새가 너희를 위해 사냥하여 온 것도 허락된 것이니 이는 하나님께서 너희에게 가르친 것이니라."(5:3-4)

"오 믿는 자들이여, 실로 술과 도박과 우상숭배와 점술은 사탄이 행하는 불결한 것들이니 그것들을 멀리하라. 그러면 너희가 번성하리라. 사탄은 술과 도박으로써 너희에게 적개심과 증오심을 키우니 하나님을 염원하고 예배하는 것을 방해하니라. 그러니 너희는 이러한 것들을 단념하지 않겠는가?"(5:90-91)

"(이흐람 상태일지라도) 바다에서 사냥을 하는 것은 허용되며 그곳에서 구한 음식도 허용된 것이니라."(5:96)

"말하라, 내가 계시받은 말씀 중에서 죽은 고기와 피와 돼지고기와 하나님의 이름으로 도살되지 아니한 고기를 제외하고 원했을 때 금지된 것을 찾지 못했노라."(6:145)

"하나님의 이름으로 도살되지 아니한 고기는 먹지 말라. 그것을 먹는 것은 죄이니라."(6:121)

"그분(하나님)께서는 너희에게 바다를 두시니 너희가 신선한 고기를 먹게 하기 위함이라."(16:14)

이 규정은 2016년 월 일 한국이슬람교 샤리아 위원회(Board of Sharia)에서 승인되었다.

1. 적용범위

이 규정은 이슬람법 샤리아에 의한 할랄 식품 및 그 가공품, 원료의 생산, 수확 후 관리, 입고, 전 처리, 제조·가공, 포장 및 표시, 품질 및 위생 관리, 취급, 운송, 보관, 유통 및 서비스를 포함하는 식품사슬의 모든 단계에서 요구되는 할랄의 순수성을 유지하기 위하여 준수해야 하는 기본적인 요구사항이다. 이 규정에서 정한 모든 요구사항은 일반적인 사항으로, 조직의 규모나 복잡성과 관계없이 할랄 식품의 식품사슬과 관련하여 모든 조직에서 적용할 수 있게 하기 위함이다. 이는 식품사슬의 단계에 직접적으로 관여하는 조직을 포함한다.

※ 주) 이 규정은 할랄 인증을 위해 요구될 수 있는 모든 요구사항을 다 포함하고 있는 것은 아니다. 이 규정의 세부적인 적용에 관한 추가적인 요구사항은 할랄 식품 인증을 위하여 샤리아 법에 의거 별도의 추가 규정을 정해서 운영할 수도 있다.

2. 인용표준

다음의 인용표준은 이 규정의 적용을 위해 필수적으로 적용되는 인용표준이나. 발행연노가 표기된 인용표준은 인용된 판만을 적용하며, 발행연도가 표기되지 않은 인용표준은 최신판(모든 추록포함)을 적용한다.

1. MS 1500:2004 Halal Food-Production, preparation, Handling, And Storage-General Guidelines, Malaysia1. OIC/SMIIC :2011

General Guidelines on Halal Food
2. Gulf Standards Specification GSO 0000/2008, Halal Food Part(1) General Requirement
3. GSO 993/1998, "Animal Slaughtering requirements according to Islamic law"
4. CODX STAN 1, 포장된 식품의 표시에 관한 일반표준(General standard for the labelling of prepacked food)
5. CAC/RCP 1, 식품위생 일반원칙에 관한 권장 국제 실행기준(Recommended international code of practice general principles of food hygiene)
6. CAC/RCP 58, 식육의 위생기준규약(Code of hygienic practice for meat)
7. KS Q 8001, 제품인증에 대한 요구사항
8. KS Q 8002, 서비스인증에 대한 요구사항
9. KS Q 9001, 품질경영시스템 요구사항
10. KS Q ISO/TR 10013, 품질경영시스템 문서화 지침
11. KS Q ISO/ 22000, 식품안전경영시스템—식품사슬의 모든 조직에 대한 요구사항
12. KS Q ISO/TS 22002-1, 식품안전에 관한 선행요건 프로그램—제1부: 식품제조
13. KS Q ISO/TS 22004, 식품안전경영시스템—22000:2005 적용지침
14. KS Q ISO 22005, 사료 및 식품 사슬의 이력추적—시스템 설계와 이행에 대한 일반원칙 및 기본 요구 사항
15. KS Q 1SO 22006, 품질경영 시스템—농작물 생산에서의 ISO

9001: 2008 적용지침

3. 용어와 정의

이 규정의 목적을 위하여 다음의 용어와 정의를 적용한다. 이 항에서 규정되지 않는 용어와 정의는 인용표준(제2항 참조)에서 정한 용어와 정의를 우선 적용한다.

3.1 하나님(Allah)

완전무결함에 관한 모든 속성을 가지신 온 우주의 창조주이시며 절대적이고 유일하신 하나님을 지칭하는 이름.

3.2 코란(Al-Quran, 이슬람 경전)

아랍어로 예언자 무함마드(PBUH)에게 계시된 하나님의 말씀을 일컬어 코란으로 칭하며 총 114장으로 구성되어 있다. 코란은 정치, 경제, 사회, 문화, 인간관계에까지 무슬림들의 삶에 지침이 되는 가르침이며 인류를 바른 길로 인도하는 지침서이다.

3.3 이슬람 규정

무슬림이 준수해야 할 이슬람법 샤리아를 포함한 규정을 말한다.

3.3.1 이슬람법 사리아(Shariah)

이슬람법 샤리아는 지금으로부터 1400여 년 전 하나님께서 예언자 무함마드에게 계시한 신법으로 시작되어 시대와 민족, 그리고 인종을 초월하여 지금까지 무슬림들의 삶의 방향을 정해주며 법 해석 절차에 따라 해석된 법은 실정법의 구속력에 상관

없이 적용된다. 샤리아 법 해석 단계는 다음의 네 단계에 의해 이루어진다.

3.3.1.1 코란(Al-Quran): 예언자 무함마드(PBUH)가 받은 계시서로 이슬람법을 해석하는 데 모법으로서 근원이 된다. 코란에 의해 계시된 허용과 금기 규정은 확정된 것이다. 예) 음주, 돼지고기, 간음, 살인, 그리고 신앙의 실천 등

3.3.1.2 하디스(Al-Hadith): 예언자 무함마드의 코란에 의거한 말들(Aqwāluhu)과 행동들(Af'āluhu) 그리고 묵시적으로 인정(Taqrirātuhu)한 모든 것을 총망라하여 기록한 것을 하디스라고 하고 이를 실천하는 것을 순나(Sunna)를 행한다고 한다. 코란 다음으로 이슬람법을 해석하는 중요한 근거가 된다.

3.3.1.3 이즈마(Al-Ijmā'a): 동시대의 이슬람 학자들이 어떤 주제에 대해 코란과 하디스에 근거하여 법해석에서 합의(의견일치)를 이룬 것을 말한다.

3.3.1.4 끼야스(Al-Qiyās): 코란과 하디스, 그리고 이즈마에서 적합한 법 규정을 도출해 내지 못했을 때 이전 세 가지 단계의 규정에 위배되지 않은 범위 내에서 당대의 법학자가 법을 유추 해석하는 것을 말한다.

3.4 이슬람법 용어

3.4.1 할랄(Halal, 허용): 행위자에게 처벌이 부과되지 않는 허용되는 것으로 행하면 복을 받고 하지 않아도 되는 것.

3.4.2 하람(Haram, 금기): 금기된 사항을 의미하고 행위자에게 처벌이 부과되는 것으로 행하면 벌을 받고 행하지 않으면 복을 받는 것.

3.4.3 만둡(Mandub, 권장): 권장된 것들로 행하면 복을 받고 행하지 않아도 무방한 것.

3.4.4 마크루흐(Makruh, 기피사항): 허용은 되나 하지 않는 것이 더 좋은 것.

3.4.5 무바하(Mubaha): 실천 여부와 무관한 것.

3.5 할랄식품

할랄 식품은 이슬람 규정(3.3)에 따라 허용된 식품과 음료 그리고 그 성분재료를 뜻하며 그것이 소비될 수 있도록 허용되고, 이 표준에서 정한 요구사항에 적합하여 사람이 섭취할 수 있는 모든 음식물을 말한다. 할랄 식품은 다음과 같은 조건을 충족시켜야 한다.

1) 이슬람법에 따라 비할랄 동물의 부분이나 그로부터 파생된 제품을 함유하지 않아야 하며, 이슬람법에 따라 도축되지 않은 동물의 부분이나 그 제품 또한 함유되지 않아야 한다.
2) 이슬람법에 따라 나지스(Najis, 불결한 것)로 분류된 성분을 함유하지 않아야 한다.
3) 소비하기에 안전하고 독성이 없어야 하며 취하게 하지 않아야 하고 건강에 해롭지 않아야한다.
4) 이슬람법에 따라 나지스(Najis, 불결한 것)에 오염된 장비를 사용하여 조리, 가공, 또는 제조하지 않아야 한다.
5) 이슬람법에 따라 샤리아에 사람 신체의 일부 또는 그 파생물이 함유되지 않아야 한다.
6) 식품의 준비, 가공, 포장, 보관 및 유통과정 동안 1), 2), 3), 4) 또는 5)항에 규정한 요구사항에 적합하지 않은 다른 모든 식품

또는 이슬람 샤리아에 따라 나지스로 규정된 다른 모든 것으로부터 물리적으로 분리되어야 한다.

3.6 나지스(Najis, 불결한 것)

3.6.1 이슬람법 샤리아에 따른 나지스는 다음과 같다.

1) 개, 돼지 및 그 파생물

2) 비할랄로 오염된 할랄 식품

3) 비할랄과 직접 접촉한 할랄 식품

4) 소변, 혈액, 토사물, 고름, 태반 및 배설물, 다른 동물의 정액 및 난자를 제외한 돼지와 개의 정액 및 난자와 같이 사람이나 동물의 배설구에서 배설되는 모든 액체와 물체

※ 주: 개와 돼지를 제외한 동물과 사람의 젖, 정액 및 난자는 나지스가 아니다.

5) 썩은 고기 또는 이슬람법에 따라 도축되지 아니한 할랄동물

6) 카므르(Khamr)와 카므르를 함유하거나 혼합된 식품 또는 음료

3.6.2 이슬람 샤리아에 따라 불결한 것은 3가지 유형이 있다.

1) 심각한 오염(Najis Mughallazah): 개와 돼지의 배설구로부터 배설되는 모든 액체 및 물체를 포함하여, 개와 돼지로부터 파생된 물질. 이러한 심각한 나지스에 오염된 신체, 의복 및 장비는 반드시 의식에 따라 정화되어야 한다.

2) 중간 오염(Najis Mutawassitah): 가벼운 나지스를 말하며 토사물, 고름, 혈액, 알코올 및 썩은 고기와 같이 심각한 나지스의 범주에 포함되지 않는 모든 오물이다. 냄새, 색깔, 그리고 맛이 더 이상 나지 않을 때까지 깨끗하고 순수한 물로 나지스를

정화한다.

3) 가벼운 오염(Najis Mukhaffafah): 모유 이외의 다른 음식을 섭취한 적이 없는 2세 이하의 남자 아이의 소변, 이러한 나지스를 정화하기 위해서는 오물이 묻은 부분에 물을 뿌려 정화한다.

3.7 도축

이 인증에서 말하는 도축은 일반적인 도축이 아니라 동물의 방혈과 죽음을 신속하게 촉진하기 위하여 기도와 식도 그리고 경동맥 및 경정맥 모두를 자르는 이슬람법에 따른 도축 행위이다.

3.8 선행요건 프로그램(PRPs)

식품 사슬 전체의 각 단계별로 사람이 섭취하기에 안전한 식품 또는 음식물의 생산, 취급 및 제공을 위해 적합한 위생적 환경을 유지하기 위하여 필요한 기본적인 환경조건과 활동.

3.9 우수제조기준(GMP)

안전하고 건강에 좋은 식품을 생산, 보관, 운반 및 유통할 수 있도록 보장하기 위하여 관련 인원 및 건물 등의 생산 또는 취급 환경을 위생적인 상태로 유지하기 위한 관리활동.

3.10 우수위생기준(GHP)

식품 사슬의 각 단계별로 사람이 섭취하기에 안전한 식품의 제공을 보장하기 위하여 취하는 일련의 수단.

3.11 식품 안전

식품이 그 의도하는 용도에 따라 조리 또는 처리하여 섭취되면 소비자에게 위해를 일으키지 않는다는 개념.

3.12 식품 사슬

식품의 원재료와 이들의 수확단계에서부터 최종 소비자의 섭취에 이르기까지의 생산, 제조·가공, 포장, 보관, 운송, 유통 및 급식 또는 판매를 포함하는 식품 생산 및 공급의 모든 단계.

3.13 식품첨가물

식품을 원재료 또는 보조재로 사용하거나 최종 제품으로 가공 또는 조리하기 위하여 처리, 분별, 가공, 생산, 포장, 운송, 보관을 하는 과정에서 해당 식품의 보존이나 맛, 향, 외관을 개선하거나 용매 등으로 사용하기 위하여 식품에 첨가되는 물질로서, 영양가를 가지거나 가지지 않을 수 있고, 최종 제품에 그 잔류물 또는 유도체가 잔류하거나 잔류하지 않을 수 있는 것으로 식품위생법에서 정한 식품첨가물 공전에 등재된 물질. 식품첨가물은 가공보조제를 포함한다.

3.14 냉장 유통망

식품 사슬을 통해 식품 본래의 품질을 보존하기 위하여 냉장 유통망에 요구되는 식품에 대하여 법률적으로 요구되는 의무사항인 일련의 냉장 및 냉동 보관, 운반, 진열, 유통 및 그 관련 활동.

3.15 **유전자변형 식품**(GMF)

유전자변형생물체(GMO)로 얻어지는 제품(그리고/ 또는 그 부산물)을 함유하는 음식료품.

3.16 **수생 동물**

물속에서만 살고, 물 밖에서는 생존할 수 없는 동물. 독을 가지고 있거나 취하게 하거나 건강에 해로운 것을 제외한 모든 수생 동물은 할랄이다.

3.17 **양서류**

땅 위와 물속에서 모두 살 수 있는 동물.

3.18 **무스타으말**(Musta'mal)

사용했던 어떤 것.

3.19 **타스미야**(Tasmiyah)

할랄 동물을 도축하는 동안 하나님(Allah)의 이름(Bismillahi)을 언급하는 행위.

3.20 **타이얌뭄**(Taiyammum, **대체세정**)

물이 없거나 또는 물을 사용하는 것이 건강상 유해한 경우 물을 대신하여 깨끗한 흙에 손을 두드린 후 얼굴과 손을 문질러 부분세정(우두)과 전체세정(구슬)을 대체하는 행위.

3.21 카므르(Khamr, 취하게 하는 것)
취하게 하는 알코올류, 와인을 포함한 취하게 하는 모든 종류의 음료

3.22 다비하(Dhabihah)
이슬람법에 의한 도축.

3.23 무칼라프(Mukallaf, 성인)
사춘기 및 사리분별을 할 수 있는 나이에 도달하고 이슬람법을 준수해야 하는 무슬림.

4. 적용대상 제품 및 서비스

이 규정에서 다루는 제품 및 서비스는 다음과 같다.

4.1 식육 및 식육 가공품

4.2 유(乳) 및 유(乳) 가공품

4.3 알 및 알 가공품

4.4 곡류 및 곡류 가공품

4.5 식물성 및 동물성 유지

4.6 과채류 및 과채류 가공품

4.7 당류 및 과자류

4.8 음료(비알코올 음료)

4.9 꿀 및 양봉 부산물

4.10 영양보조식품

4.11 건강기능식품

4.12 유전자변형 식품

4.13 식품첨가물

4.14 효소류

4.15 미생물 및 버섯

4.16 포장재

4.17 외식업 및 급식업과 그 시설

4.18 수산물 및 수산가공품

4.19 먹는 물

4.20 기타

5. 요구사항

5.1 식품의 기원

5.1.1 동물성 식품

5.1.1.1 할랄 동물

다음의 동물은 할랄로 간주된다.:

1) 소, 물소, 면양, 염소, 낙타, 닭, 거위, 오리 및 칠면조와 같은 가축류.
2) 사슴, 영양, 들소와 같은 비포식성 야생동물.
3) 비둘기, 참새, 메추라기, 찌르레기 및 타조와 같은 비포식성 야생조류.

5.1.1.2 비할랄 동물

다음의 동물은 비할랄로 간주된다.

1) 하나님의 이름으로 도축되지 않은 동물.
2) 이슬람 규정에 따라 도축되지 않은 동물.
3) 돼지, 개 및 그 파생물.
4) 자연사한 동물.
5) 곰, 코끼리, 원숭이, 늑대, 사자, 호랑이, 표범, 고양이, 자칼, 여우, 다람쥐, 두더지, 족제비, 악어 등과 같은 스스로를 방어하거나 먹이를 사냥하기 위해 사용되는 길고 날카로운 송곳니나 어금니를 가지고 있는 동물.

6) 매, 독수리, 까마귀, 솔개, 올빼미 같은 날카로운 발톱을 가진 포식성 조류.

7) 쥐, 지네, 전갈, 뱀, 말벌, 생쥐 및 이들과 유사한 해충과 독을 가진 동물.

8) 도마뱀, 달팽이, 해충과 이들의 애벌레 및 기타 유사한 동물과 같이 혐오스럽다고 인정되는 동물.

9) 꿀벌과 후투티(Hoopoe)와 같은 이슬람에서 죽이는 것이 금지된 동물.

10) 당나귀 및 노새.

11) 비할랄 동물에서 얻어지는 모든 성분재료는 할랄이 아님.

12) 의도적이며 지속적으로 비할랄 사료 및 나지스 사료를 먹여 사육된 할랄 동물.

5.1.2 수생 동물

1) 비늘을 가진 모든 어류, 새우, 비늘을 가진 어류의 알과 이들의 부산물은 모두 할랄이다. 그 부산물을 포함한 다른 모든 수생동물은 할랄이다(12.1.2.1의 13) 참조).

2) 독성물질과 해로운 부위가 제거되지 않는 한, 보건에 유해할 수 있는 모든 독을 가진 수생동물은 할랄이 아니다(12.1.2.1의 13) 참조).

3) 나지스에서 살거나 의도적 혹은 지속적으로 비할랄 사료를 먹인 수생 동물은 할랄이 아니다.

5.1.3 양서류

모든 양서류는 할랄이 아니다.

5.1.4 식물성 식품

독이나 해로운 부위가 제거되지 않은 독성 식물과 해로운 식물을 제외한 식물과 그 제품은 할랄이다.

5.1.5 사람이나 동물의 혈액 및 기타재료

모든 종류의 혈액과 그 부산물은 할랄이 아니다.

사람이나 동물의 배설구를 통해 배출되는 오줌, 태반, 배설물, 토사물, 고름과 같은 모든 액체나 물질은 할랄이 아니다. 사람 신체의 모든 부위는 섭취할 수 있는 할랄이 아니다.

5.2 식육 및 식육가공품

1) 5.16.6.1 항 및 5.16.6.2항에 적합하게 5.1.1.1항에서 정한 할랄 동물의 도체로부터 얻어진 식육은 13항에서 정한 「축산물위생관리법」의 요구사항을 충족시켜야만 한다.
2) 식육 및 식육가공품에 사용되는 보존료와 같은 식품첨가물은 일체의 비할랄 원료를 함유하지 않아야만 하고, 이슬람 규정(3.3)에 적합하지 않은 가공보조제를 포함한 일체의 식품첨가물을 사용하지 않아야 한다.

5.3 유(乳) 및 유(乳) 가공품

1) 5.1.1.1 항에서 정한 동물에서 얻어지는 유 및 유가공품은 할랄이다.
2) 렌넷(Rennet)과 젤라틴(Gelatin) 같은 식품첨가물은 비할랄 제품으로부터 생산되지 않아야 한다.

5.4 알 및 알 가공품

1) 5.1.1.1항과 5.1.2항에서 정한 할랄 동물로부터 얻어지는 알 및 알 가공품은 할랄이다.

2) 알 가공품은 비할랄 성분재료를 함유하지 않아야 한다.

3) 도축과정을 거칠 필요가 없는 어류와 같은 동물로부터 얻어지는 알은 사람이 섭취하기에 안전하기만 하면 할랄이다.

5.5 곡류 및 곡류 가공품, 식물성 및 동물성 유지, 과채류 및 과채류 가공품, 당류 및 과자류

1) 모든 식품은 이슬람 규정(3.3)에 적합한 할랄 프로세스를 적용하여 5.1항에서 정한 할랄 원료로부터 생산되어야 한다.

2) 제품에 사용되는 착색료, 보존료 등과 같은 식품첨가물은 「식품위생법」에 따른 식품첨가물 공전에 등재된 것으로서 이슬람 샤리아에 규정된 비할랄 성분재료로부터 생산되지 않은 것만 사용할 수 있다.

5.6 음료류

1) 모든 종류의 물과 비알코올성 음료는 독성이 있거나, 중독성을 가지거나 또는 건강에 해롭지만 않다면 할랄이다.

2) 알코올을 함유하는 모든 제품이나 음료는 심지어 조리용이거나 사탕류에 주입된 경우에도 이슬람 규정(3.3)에 따라 금지된다.

3) 음료에 사용되는 착색료, 보존료 등과 같은 식품첨가물은 「식품위생법」에 따른 식품첨가물 공전에 등재된 것으로서 비할랄 성분재료로부터 생산되지 않은 것만 사용할 수 있다.

5.7 꿀 및 양봉 부산물

1) 사람의 건강에 해롭지 않은 식물로부터 꿀벌을 통해 채집된 배

설물로부터 얻어지는 양봉제품(꿀, 화분, 로열 젤리)은 할랄이다.
2) 꿀의 일부에 빠진 꿀벌과 같은 불가피한 부분은 할랄로 간주된다.

5.8 영양보조 식품

영양보조 식품은 식물이나 동물과 같은 할랄 원료로부터 생산되거나 얻어져야만 하고, 일체의 비할랄 성분재료를 함유하지 않아야 한다.

5.9 건강기능식품

건강기능식품은 4.6항 또는 4.7항의 요구사항을 적용한다.

5.10 유전자변형식품

1) 유전자변형생물(GMO)을 포함한 성분재료 또는 제품이 할랄이 아닌 유전체를 사용하여 만들지 말아야만 한다.
2) 유전자변형기술로 식물, 동물 및 미생물 원료에 다른 살아 있는 종의 유전자를 전이하여 생산되는 유전자변형식품과 식품의 유전자(DNA) 내에서 변형이 이루어진 유전자변형식품은 할랄 식품의 생산에 사용될 수 있다.

5.11 식품첨가물

식품첨가물은 식품으로 인정된다. 비할랄 성분재료에서 유래한 식품첨가물은 할랄이 아니다.

5.12 효소류

원재료, 가공보조제 또는 최종제품으로 사용되는 효소류는 할랄 원료에서부터 얻어져야 하고, 원료를 표시하여야 한다.

5.13 미생물 및 버섯

독성을 가지거나 건강에 해로울 수 있는(사람에게 병원성을 가지거나 중독성이 있는) 것을 제외한 세균, 효모, 곰팡이 같은 미생물은 할랄이다. 식품이나 식품생산에 사용되는 미생물은 할랄 배지를 사용하여 생산되어야 한다. 효모 추출물이나 기타 이들로부터 유래한 제품은 양조용 효모로부터 만들어지지 않아야 한다.

5.14 포장재

1) 포장재는 이슬람 샤리아에 따라 규정된 일체의 비할랄 재료로부터 만들어지지 않아야 한다.
2) 포장재는 이슬람 샤리아에 따라 규정된 비할랄 재료에 오염된 장치를 사용하여 처리되거나 가공 또는 제조되지 않아야 한다.
3) 포장재의 처리, 가공, 보관 또는 운송하는 과정 동안 1) 또는 2)에서 정한 요구사항에 맞지 않는 일체의 다른 식품이나 기타 비할랄 재료로부터 물리적으로 격리되어야 한다.
4) 포장재는 사람의 건강에 해롭다고 인정되는 일체의 물질을 함유하지 않아야 한다.

5.15 기타 제품

상기 각 항(5.2 내지 5.14)에 해당하지 않는 식품은 비할랄 성분 재료로부터 생산되지 않아야만 하고, 알코올 및 알코올 제품을 이용하여 가공되지 않아야만 한다.

5.16 도축규정

도축은 이슬람법 규정에 따라 동물복지를 고려해야 한다. 다음 요구 사항 또한 준수되어야 한다.

5.16.1 도축대상 동물에 대한 요구사항

1) 도축대상 동물은 할랄 동물이어야만 한다.
2) 검역당국이 발급한 도축대상 동물이 건강하다는 것을 증명하는 성적서가 있어야 한다.
3) 도축대상 동물은 도축 시점까지 살아 있어야만 한다. 도축 절차가 해당 동물에게 고통을 주지 않거나 최소화되어야만 한다.
4) 할랄 사료만 먹인 할랄 동물만이 5.16항에서 정한 절차에 따라 도축하도록 허용된다.
5) 동물이 장거리 운송을 거처 도축장에 도착한 경우, 이들이 도축되기 전에 먼저 휴식할 수 있게 해야 한다.

5.16.2 도축인

1) 도축인은 정신적으로 건전하고 동물 도축에 관련된 기본적인 요구사항과 조건을 충분히 숙지하고 있어야 하며 이슬람의 의무 규정을 실천하는 모범적인 성인 무슬림에 의해서만 수행되어야 한다.
2) 도축인은 건강상태, 위생관리, 방역 및 할랄 도축규정에 관한 사항을 충분히 숙지하여 실행할 수 있음을 보증할 수 있도록 영업자가 자격을 관리해야 한다.

5.16.3 도축용 기구와 도구

1) 도축에 사용하는 설비와 기구 및 도구는 「축산물위생관리법」에서 정한 재질로 만들어진 것으로서 항상 청결하게 유지되어야 하고, 할랄 도축 전용으로 사용되어야 한다.

2) 도축을 위해 사용되는 칼은 예리한 강철로 제작되어야 한다.

3) 도축용 칼은 그 무게에 의해서가 아니라 날카로운 칼의 날에 의해 절단할 수 있어야 한다.

4) 뼈, 발톱 및 이빨은 도축용 도구로 사용될 수 없다.

5.16.4 도축장

도축장은 할랄 동물과 할랄 도축 전용으로만 사용되어야 하고, CODEX CAC/RCP 1 또는 KS Q ISO 22000 이나 KS Q/ISO TS 22002-1에서 정한 선행요건 프로그램(2.3참조)의 요구사항을 충족시키면서 안전관리 인증(HACCAP 요건을 충족)을 받아야만 한다. 도축장은 최소한 다음 사항을 갖추어야 한다.

1) 생체검사를 위한 충분한 계류구역

2) 도축구역 입구에 동물을 들어올리기 위해 이용되는 전기적으로 작동되는 자동식 또는 수동식 롤러체인 시스템이나 동물이 스스로 이동할 수 있게 만든 유도로.

3) 도축작업의 흐름 순수대로 자동식 구동이 가능하거나 또는 수동식의 롤러 체인을 장착한 도체 이송용 레일 시스템.

4) 박피 및 도체 처리 작업을 하는 작업자가 쉽고 효율적으로 작업하도록 지원할 수 있는 소 및 양, 염소 등의 할랄 동물용으로 특별히 설계된 고정식 또는 이동식 작업대와 하역 구역.

5) 계량 설비.

6) 도체 세척시설(가압수, 자동식이 바람직함).

7) 오염된 도구(칼, 걸이 등)를 세척, 소독 또는 살균하기 위하여 항상 83℃ 이상으로 유지되는 열수가 채워져 있는 수조와 소독액을 담아 두는 소독조, 발이나 무릎 또는 광센서로 작동되는 수도꼭지가 장착된 수세조.

8) 항상 깨끗하고 가압된 물을 이용 가능하게 해야 한다.

9) 모든 소독제와 소독액은 할랄 식품에 사용하기에 적합하여야 한다.

5.16.5 기절

1) 모든 형태의 기절과 졸도는 금지된다. 그렇지만 동물이 격렬히 저항하거나 진정을 시키는 것이 필요하고 편리한 경우에는 제한적으로 전기식 또는 공압식 기절을 시킬 수도 있다. 기절을 시키는 방식에 따른 축종별 기절 조건은 이 규정의 부록 A에 따라야 한다.

2) 가금류의 기절(의식 상실)은 금지되지만, 그것이 필요하고 편리한 경우에는 다음의 조건에 적합해야 한다.:

i. 가금류는 기절(의식의 상실) 중과 기절 직후까지 살아 있으면서 안정적인 상태를 유지해야 하고, 바로 도축되어야 한다.

ii. 전기충격을 사용하는 경우 그 전류와 시간은 부록 A에서 규정한 대로 해야 한다.

iii. 도축행위가 이루어지기 전에 죽은 모든 가금류는 할랄이 아닌 것으로 간주해야 한다.

iv. 기절이 인도적일 수 있음을 입증해야 한다.

v. 도축 후 방혈(放血)량이 감소되지 않아야 한다.

5.16.6 도축 절차

5.16.6.1 동물의 도축절차

5.16.1 항과 함께, 다음 요구사항이 추가적으로 적용된다.

5.16.6.1.1 도축 전 동물의 생체검사

도축 후의 관리사항과 함께, 다음 요구사항도 추가적으로 준수되어야 한다.

1) 도축대상 동물은 「축산물위생관리법」에 따라 생체검사를 받아야 한다.
2) 임신기간의 1/3 이상 경과한 동물은 도축하지 않아야 한다.

5.16.6.1.2 동물의 청결화 및 세척

도축용 동물은 외피에 분변, 오줌 및 오니가 없어야 한다. 더러운 동물은 세탁용으로 마련된 별도의 구역 내에서 또는 이용이 가능한 경우에는 계류장에서 세척되어야 한다. 동물이 젖어 있을 때에는 도축을 하지 않아야 한다.

5.16.6.1.3 다른 동물의 혼입 방지

계류장, 세척장으로의 이송이나 도축구역으로의 이송을 하는 동안 다른 축종이 혼입되는 것을 피하기 위하여 각별한 주의를 기울여야 한다.

5.16.6.1.4 동물의 도축구역으로 유도

1) 도축용 동물은 자격을 갖춘 도축인(5.16.2)에 의해 인도적인 방법으로 적합한 유도로를 통해 도축구역까지 유도되어야 한다.
2) 동물이 도축을 위해 유도되는 통로의 끝에는 이동식 커튼이나 칸막이 시스템을 설치하여 대기 중인 동물이 도축되는 동물을 볼 수 없게 하여야 한다.

5.16.6.1.5 도축절차

1) 동물은 메카 방향(Qiblah; Direction of Mecca)을 바라보게 들어 올리거나 그 좌측면이 위가 되게 눕혀진 이후에 도축하여야 한다. 들어 올리거나 눕혀진 동안 고통을 최소화시키고 그러한 위치에서 너무 오래 기다리지 않도록 주의를 기울여야 한다.
2) 동물을 도축하는 시점에서 도축인은 "위대하신 하나님의 이름으로"를 의미하는 "비스밀라히 알라후 아크바르"(Tasmiyah wa Takbir)를 연호해야만 하고, 하나님(Allah) 이외의 어떠한 이름도 부르지 말아야 한다. 그렇지 않고 도축한 경우 할랄이 아닌 것으로 간주된다. 이 연호는 이슬람 방식("Dhabiha")으로 도축되는 모든 동물의 개체별로 행해져야 한다.
3) 도축 행위는 동물의 개체별로 단번에 이루어져야 한다. 그러나 도축과정에서 톱질을 하는 것처럼 할 때는 도축용 칼이 한 번에 동물의 도축을 할 수 없는 부득이한 경우에만 허용된다.
4) 할랄 도축행위는 성문(聲門) 바로 아래 지점에서 목을 절개하는 것에서 시작되고, 긴 목을 가진 동물의 경우 성문(聲門) 뒤로 절개하는 것에서 시작되어야 한다.
5) 도축 행위는 동물의 방혈(放血)과 죽임을 확실히 하기 위하여 기도와 식도, 경동맥과 경정맥을 잘라야 한다. 방혈(放血)은 자연적이면서 완전하게 이루어져야 한다. 방혈(放血)시간은 충분한 방혈(放血)과 동물의 완전한 죽음을 보장하기에 충분해야 한다.

5.16.6.1.6 도체 및 장기 등의 사후검사

사후 검사는 「축산물위생관리법」에 따라 검사관에 의해 실시되어야 한다. 도체 또는 도체의 측정 부위에 대한 판정은 안정 및 위생 요구사항을 충족하기 위하여 CAC/RCP 58 또는 「축산물위생관리법」에서 정한 대로 이루어져야 한다.

5.16.6.1.7 도체의 세척 및 검인 날인

세척, 건조, 냉각 및 냉동은 적합한 도구나 장피를 이용하여 이루어져야 한다. 검인 날인은 할랄 원료로 만들어진 식용색소로 만든 잉크를 사용해서 실시하여야 한다. 냉각실 온도는 최대 4℃ 이하로 유지하여야 하며 냉장실 온도는 최대 10℃ 이하로 유지되어야 한다.

5.16.6.2 가금류의 도축절차

5.2.1 항의 요구사항과 함께 다음 요구사항도 추가적으로 준수해야 한다.

5.16.6.2.1 도축장에서 가금류의 입고 및 도축을 위한 이송

도축장에 입고된 가금류는 가능한 한 최단 시간 내에 도축을 위해 이송되어야만 한다.

5.16.6.2.2 도축 전 가금류의 생체검사

도축 후 관리와 함께 다음 요구사항도 추가적으로 준수해야 한다.

1) 도축대상 가금류는 「축산물위생관리법」에 따라 자격을 갖춘 검사관의 생체검사를 받아야한다. 질병에 걸린 것으로 확인되거나 질병에 걸린 것으로 의심되거나 또는 죽은 것으로 확인된 가금류는 바로 제거하거나 격리구역에 격리해야만 하고, 「축산물위생관리법」과 「가축전염병예방법」에서 정한 절차와 요구사항이 충족되어야만 한다.
2) 입고된 가금류는 이미 죽었거나 죽어 가고 있는 가금류가 도

축라인에 들어가지 않도록 검사하기 위하여 도축 전에 개체별로 확인하여야 한다.

5.16.6.2.3 도축 절차

1) 도축인(5.16.2)는 한 손으로 머리를 잡고 아래로 쭉 늘어뜨려야 하며, 이슬람법에 따라 다른 손에 잡은 예리한 도축용 칼로 목을 절단해야 한다.

2) 추가적으로, 5.16.6.1.5항에서 정한 종교적 규정이 준수되어야 한다.

5.16.6.2.3.1 기계식 도축

기계식 도축은 이슬람 샤리아에 적합한지를 확인할 수 있는 타당한 시스템과 함께 이용될 수 있다. 기계식 도축으로 생산된 도체와 식육에는 기계식 도축이 된 제품임을 나타내는 적절한 표시가 되어야 한다.

1) 기계식 칼의 운전자는 도축인(5.16.2)의 기준에 적합한 성인의 무슬림이어야만 한다.

2) 도축인(5.16.2)는 기계식 칼의 스위치를 켜기 전에 "비스밀라히 알라후 아크바르"(Tasmiyah wa Takbir)를 외쳐야만 하고, 도축구역을 떠나지 말아야 한다.

3) 도축인(5.16.2)이 도축구역을 떠나야 하는 경우에는 기계라인을 정지시키고 기계식 칼의 스위치를 꺼야만 한다. 작업을 재개할 때는 해당 도축인(5.16.2)이나 또 다른 무슬림 도축인(5.16.2)이 라인과 기계식 칼의 스위치를 켜기 전에 "비스밀라히 알라후 아크바르"(Tasmiyah wa Takbir)를 외쳐야만 한다.

4) 도축인은 기계를 운전하는 동안뿐만 아니라 개체별 도축과정 동안 반복적으로 "비스밀라히 알라후 아크바르"(Tasmiyah

wa Takbir)를 연호해야만 한다. 녹음장치를 이용하는 것은 허용되지 않는다.

5) 사용되는 칼은 단면 날 형태이면서 예리해야만 하고, 강철제이어야만 한다.

6) 도축 행위는 동물의 방혈(血放)과 죽음을 신속하게 하기 위하여 기도와 식도, 경동맥과 경정맥 모두를 잘라야만 한다.

7) 도축인(5.16.2)은 가금류의 개체별로 제대로 도축되었는지를 확인해야만 하고, 기계식 칼이 닿지 않은 모든 가금류는 수작업으로 도축해야 한다.

8) 기계식 칼날에 의해 두부(頭部)가 완전히 잘라진 경우에는, 해당 가금육과 그 두부(豆腐) 모두가 할랄이 아닌 것으로 간주되어야 한다.

9) 방혈(血放)시간을 최소한 180초 이상 유지시켜야 한다.

5.16.6.2.3.2 자동화된 도축장에서 수작업 도축

수작업 도축은 이슬람 규정(3.3)에 적합함을 확인할 수 있는 타당성확인 시스템을 갖추고 적용할 수 있다. 제품에는 수작업 도축한 것임을 나타내는 적절한 표시가 되어야 한다.

1) 도축인(5.16.2)의 기준에 적합한 성인 무슬림이어야만 한다.

2) 도축인(5.16.2)은 개체별로 "비스밀라히 알라후 아크바르"(Tasmiyah wa Takbir)를 연호해야만 한다.

3) 사용되는 칼은 단면 날 방식으로 강철(스테인리스 상)제이어야만 한다. 칼은 수평으로 움직여야만 하고, 중력에 의해서가 아니라 그 날로 잘라야만 한다.

4) 도축행위는 가금류의 방혈(血放)과 죽임을 확실히 하기 위하여 식도와 기도 및 경동맥과 경정맥 모두를 잘라야 한다.

5) 도축인(5.16.2)은 개별 가금류가 제대로 도축되었는지를 확인하여야 한다.

6) 방혈(血放)시간은 최소 180초 이상 유지시켜야 한다.

5.16.6.2.4 발모(깃털제거)

도체는 발모(깃털제거)작업이 용이하도록 탕박(湯剝)하여야 한다. 탕박(湯剝) 방법으로는 열수 또는 뜨거운 공기의 사용이 허용된다.

5.16.6.2.5 도체검사

사후 관리와 함께 다음의 조치가 추가적으로 요구된다.

1) 세척 후에 개별 도체는 검사를 받아야만 한다. 검사는 「축산물위생관리법」에 따라 이루어져야 한다.

2) 육안 검사로 진단을 내리기 충분하지 못한 경우에는 의심되는 물질이나 부위 또는 검체를 도체가 적합한 온도로 해당 구역에 계류되는 동안 시험소로 보내야 한다. 판정은 시험소의 시험결과에 따라 이루어져야 한다.

5.16.6.3 가금류 이외의 기타 동물의 도축

5.16.6.3.1 어류는 도축을 할 필요가 없다. 어류는 살아 있는 동안 물에서 어획하여야 하고, 물 밖에서 죽어야 한다.

5.16.6.3.2 "비스밀라히 알라후 아크바르"(Tasmiyah wa Takbir)를 연호한 후에 적절히 사냥하거나 죽인 할랄 동물은 이슬람방식으로 도축한 것으로 인정한다. 산 채로 포획한 동물은 이슬람 규정(3.3)에 따라 도축하여야 한다. 사냥 과정에서 사냥한 동물이나 조류에 의해 죽은 포획된 동물은 죽은 동물의 일부를 다른 동물이나 조류가 먹지 않은 경우 할랄로 간주되고, 먹힌 경우에는 할랄이 아닌 것으로 간주해야 한다.

5.17 외식업 및 급식업과 그 시설

다음의 요구사항을 충족하면 모든 외식 및 급식 서비스와 그 시설은 할랄이다.

1) 5항의 요구사항을 만족하는 제품과 제품군 및 재료만을 취급할 것.
2) 외식 및 급식 서비스와 식품 판매과정에서 사용되는 기구 및 도구는 모두 격리되어 있고, 할랄 식품 전용일 것.
3) 정상적으로는 비할랄 식품을 생산하지만 할랄 식품 생산으로 전환하려는 경우, 할랄 생산을 개시하기 전에 이슬람 규정(3.3)에 따른 세척 프로세스(부록 B)를 거쳐야 한다. 비할랄 생산과 할랄 생산으로의 전환을 반복하는 것은 허용될 수 없다.
4) 일체의 알코올음료 제공은 허용되지 않는다.

6. 식품가공

모든 가공식품은 다음 요구사항을 충족하면 할랄이다.

1) 제품이나 성분재료가 이슬람 규정(3.3)에 따라 비할랄인 것에서 나온 것을 일체 함유하지 않아야 한다.
2) 해당 제품은 이슬람 규정(3.3)에 따라 비할랄로 정해진 것을 일체 함유하지 않아야 한다.
3) 제품이나 그 성분재료는 안전해야 한다.
4) 해당 제품은 비할랄 재료에 오염되지 않은 장비 및 설비로부터 처리되고 가공되거나 제조되어야 한다.
5) 그 처리, 가공, 포장, 보관 또는 운송과정 동안 상기 a) 내지 d)에서 정한 요구사항을 충족하지 못하는 식품이나 또는 이슬람

규정(3.3)에 따라 비할랄로 규정된 모든 기타의 재료로부터 물리적으로 격리해야 한다.

7. 기계류, 도구, 생산라인

1) 할랄 식품의 생산에 사용되는 기계류, 도구, 생산라인은 이슬람 규정(3.3)에 따라 비할랄로 규정된 일체의 재료로부터 만들어지거나 그들을 함유하는 것이 아니어야 하고, 할랄 식품 전용으로만 사용해야 한다.
2) 비할랄 제품으로 오염된 모든 가공라인을 할랄 생산라인으로 전환하려는 경우, 위생 및 소독 규정에 따라 세정 및 세척되어야 한다. 전환되고 나면 해당 라인은 할랄 식품 전용으로만 운영되어야한다. 비할랄과 할랄 라인으로 반복적으로 전환하는 것은 허용되지 않는다.
3) 식품과 접촉하게 되는 기계류 및 장치의 보전관리에 허용되는 윤활유는 식용 등급의 기름이어야만 하고, 일체의 비할랄 성분 재료를 함유하지 않아야 한다.
4) 제품의 품질이나 보건에 영향을 미치는 프로세스에 사용되는 측정 및 시험 장비는 교정관리 또는 보정되야 한다.

8. 보관, 진열, 서비스 및 운송

1) 보관, 진열, 판매 또는 제공되거나 운송 중인 모든 할랄 식품은 식별이 가능하도록 할랄로 표시되어야 하고, 이들이 비할랄 재료에 의해 오염되거나 혼입되는 것을 방지할 수 있도록 모든 단

계에서 격리하여야 한다.

2) 운송은 제품의 본질적 특성에 적합하게 이루어져야 한다. 운송 차량은 위생 및 소독관리 규정을 충족해야한다.

9. 위생관리, 소독 및 식품안전

1) 위생관리, 소독 및 식품안전은 할랄 식품의 취급 또는 처리에서 선행요건이다. 할랄 식품은 Codex CAC/RCP 1과 기타 관련 Codex 및 다른 국제표준의 위생관리 및 소독 요구사항에 적합한 방법으로 처리되고, 가공되며, 포장, 운송 및 보관되어야만 한다.

2) 위생처리 및 소독에 사용되는 화학제와 물질은 할랄 식품에 사용하기 적합하여야 한다.

3) 모든 식품안전 관련 조치들은 할랄 식품 분야에서 사용하기에 적합하여야 한다.

「식품위생법」 또는 「축산물위생관리법」에서 요구하는 경우에는 해당 법률에 따른 안전관리인증을 받아야한다.

10. 타당성확인 및 검증

10.1 시험 및 검사방법의 타당성확인과 검증

비할랄성 원료와 성분재료를 평가할 목적으로 실시되는 검사 및 시험은 국가 또는 국제적으로 공인된 검사 및 시험 방법에 따라 실시되어야 한다.

10.2 프로세스의 타당성확인과 제품의 검증

1) 할랄 식품 생산 프로세스는 이슬람 규정(3.3)에 적합한지에 대해 타당성확인을 하여야 하고, 할랄 식품은 10.1항에서 정한 방법으로 검증하여야 한다.
2) 포장은 12.1.2항에서 정한 표시조건에 적합해야만 한다.

11. 식별 및 이력추적관리

1) 해당하는 경우, 할랄 식품은 전체 생산 프로세스를 통해서 적합한 수단으로 식별되어야만 한다. 할랄 식품의 상태는 모니터링 및 측정 요구사항에 대하여 적합하여야 한다.
2) 이력추적관리가 요구사항인 경우, 해당 제품의 이력이 관리되어야만 하고, 제품의 고유한 식별기호가 기록되어야 한다.
3) ISO 22000, ISO 22005 또는 Codex CAC/RCP 1은 할랄 식품에 관한 식품 이력추적관리 시스템의 설계와 실행에 관한 원칙과 기본 요구사항을 제공한다. 이는 식품사슬의 모든 단계에서 운영되는 조직이 적용할 수 있다.

12. 시장으로의 출시

1) 보관, 진열, 판매 및 제공되는 모든 할랄 식품은 식별이 가능하여야 하고, 할랄로 표시되어야 한다.
2) 할랄 식품은 이들이 비할랄 재료와 혼합되거나 그들에 의해 오염되는 것을 방지할 수 있도록 모든 단계에서 격리되어야 한다.

12.1 포장 및 표시

12.1.1 포장

1) 할랄 식품은 5.14항의 요구사항에 충족하는 포장재를 사용하여 적합하게 포장되어야 한다.
2) 포장 프로세스는 청결하고 위생적인 방법으로 이루어져야만 하고, 제품의 안전과 품질을 보장할 수 있는 건전한 위생 상태와 적합한 온도조건 하에서 이루어져야 한다.
3) 도체는 포장재 내에서 식육의 품질과 안전에 일체의 나쁜 영향을 주지 않도록 깨끗하고 새것이며 온전하고 냄새가 나지 않는 포장재를 사용하여 적절히 포장해야 한다.
4) 포장 디자인, 기호, 상징, 로고, 명칭 및 그림은 이슬람 샤리아의 원칙을 오도하지 않아야 하며 그리고/또는 위배되지 않아야 한다.

12.1.2 표시

12.1.2.1 ISO 22000 또는 Codex CAC/RCP 1과 CODEX STAN 1에서 정한 요구사항과 함께 개별 제품의 포장에는 다음의 정보를 추가적으로 판독이 가능하고 지워지지 않도록 표시하거나 또는 라벨을 부착해야 한다.

1) 제품명
2) 성분재료 목록
3) 유통기한
4) 미터법(국제단위계)으로 표시한 순 내용량
5) 제조업자, 수입업자, 그리고/또는 유통업자의 이름과 주소 및 등록상표
6) 이력추적관리를 위한 코드번호, 식별 일자. 그리고/또는 제

조 로트번호

7) 원산지

8) 해당하는 경우, 사용상 주의사항

9) 젤라틴(gelatin)과 렌넷(rennet) 같은 지방이나 식육의 유도체 또는 추출물을 포함하는 모든 식품에는 이들을 제품 라벨에 표시하여야 한다.

10) 식품이 유전자변형생물체(GMO)를 함유하는 경우, 이 사실을 명확하게 기술해야 한다.

11) 할랄 마크를 사용하는 경우, 인증기관과 인증번호가 제품에 같이 표시되어야 한다.

12) 제품의 특성(건조품, 신선품, 냉동품, 훈연제품 등)

13) 비늘을 가진 모든 종류의 어류, 새우와 이들의 부산물을 포함한 비늘을 가진 어류의 알은 "비늘 있는 어류"로 정확히 표시해야 한다. 부산물을 포함한 모든 다른 수생동물은 "비늘 없는 어류 및 기타"로 정확히 표시해야 한다.

12.1.2.2 도체 또는 신선육 포장품인 경우. ISO 22000 이나 Codex CAC/RCP 1에서 정한 요구사항과 함께 다음 정보도 추가적으로 라벨이나 표지에 포함시켜야 한다.

1) 도축일자

2) 가공일자

3) 도체에 관한 정보가 들어 있는 도축검사증명서 번호

4) 검인은 수정이 불가능하여야 하고, 날인하는 잉크는 안전하면서 식용에 적합하여야 한다.

5) 개별 도체(냉장 또는 냉동)와 특수 부분육의 최종 포장에는 해당 도축이 「축산물위생관리법」에 따라 검사 및 관리되었음

을 나타내기 위하여 축산물검사필 검인이 찍혀야 한다.

6) 할랄 마크가 사용되는 경우, 승인서 또는 인증서 번호가 제품에 표시되어야 한다.

13. 법률적 요구사항(LEGAL REQUIREMENTS)

할랄 식품은 이 규정의 요구사항 외에도 현재 시행중인 「식품위생법」, 「축산물위생관리법」, 「건강기능식품에 관한 법률」, 「농수산물품질관리법」 등을 포함한 해당하는 모든 법률적 요구사항에 적합하여야만 한다.

부록 A(ANNEX A)

규범 표준

전기식 또는 공압식 기절의 적용에 관한 요구사항

A1. 전기식 기절

A1.1 전기식 기절기는 「축산물위생관리법」에 적합한 형식이어야 한다.

A1.2 할랄 동물의 도축용으로 사용되는 기절기의 종류는 양쪽 전극이 모두 머리 부근에 장치된 '두부(頭部) 전용 기절기' 형식이어야 한다.

A1.3 가금류의 전기식 기절은 "수조식 기절기"만 사용해야 한다.

A1.4 적용되는 전류의 강도는 훈련된 무슬림 도축인(5.16.2)에 의해 감독되고, 모니터링 해야 한다. 전기식 기절기의 축종별 사용 조건은 표 A1과 같다.

표 A1. 전기식 기절기의 사용 조건

동물의 축종	전류(Ampere)	시간(초)
닭	0.25 ~ 0.50	3.00 ~ 5.00
양	0.50 ~ 0.90	2.00 ~ 5.00

염소	0.70 ~ 1.00	2.00 ~ 5.00
면양	0.70 ~ 1.20	2.00 ~ 5.00
송아지	0.50 ~ 1.50	3.00
거세 비육우	1.50 ~ 2.50	2.00 ~ 3.00
암소	2.00 ~ 3.00	2.50 ~ 3.50
황소	2.50 ~ 3.50	3.00 ~ 4.00
물소	2.50 ~ 3.50	3.00 ~ 4.00
타조	0.75	10.00

주: 전류와 시간은 동물의 종류와 체중, 그리고 다른 변동요소를 고려하여 도축장이 자체적으로 정하고, 타당성확인을 하여야 한다.

A2. 공압식 기절기

A2.1 공압식 기절은 모든 소과(科) 동물에게만 허용된다.

A2.2 기절기에 동력을 가하는 공기압은 225psi이하이어야 하며, 동물을 기절시키기 위해 필요한 최저 수준으로 유지해야 한다.

A2.3 기절기의 헤드는 평평하거나 약간 볼록해야 한다.

A2.4 기절기의 헤드 둘레에는 보호용 테두리가 있어야만 하고, 헤드가 그 테두리보다 3mm 이상 돌출하지 않아야 한다.

A2.5 기절시킬 동물의 두부(頭部)를 기절기 사용 전에 고정시켜야 한다.

A2.6 동물 눈의 가장 안쪽과 귀의 맨 아랫부분을 대각선으로 그려 교차점에 기절기의 중심이 오도록 기절시켜야 한다(그림 A1. 참조).

A2.7 기절기는 기절기의 헤드가 전두골과 수직으로 사용해야 한다(그림 A1. 참조).

A2.8 동물을 한 번에 기절시켜야 한다.

그림A1 두개골과 공압 충격 기절기의 위치 그림

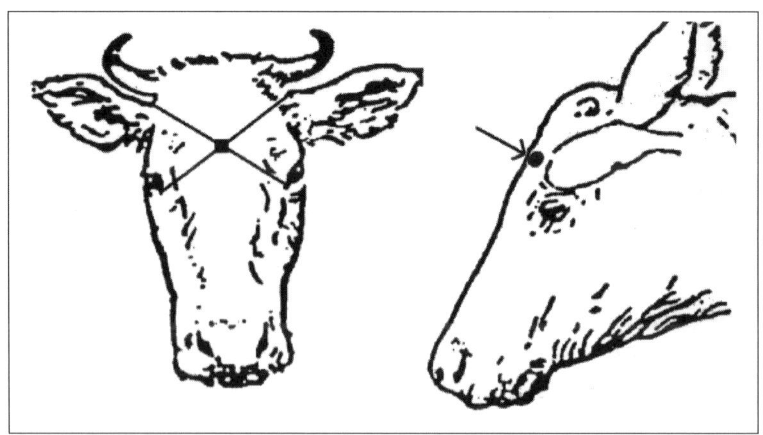

부록 B(ANNEX B)

(규범 표준)

이슬람 규정에 따른 세정방법

B1. 일반 요구사항

육안으로 볼수 있는 경우('Aini), 또는 볼 수 없는 경우(사라졌거나 말라버린 것 등)와 관계없이 불결한 것(Najis)을 후크미야(hukmiah)라고 한다. 이러한 불결한 것(Najis)을 씻어내기 위해서는 다음과 같이 하여야 한다.:

1) 7번 세척이 요구되며, 그중 한 번은 흙과(할랄 세정제와) 혼합한 물로 씻어내어야 한다.
2) 첫 번째 세척은 여러 번의 세척을 하더라도 불결한 것(Najis)의 존재부위를 정화하는 것이다. 첫 번째 세척한 물은 완전히 제거되어야 하고, 그 다음 번 세척을 두 번째 세척으로 계산한다.
3) 세척수에 첨가하는 흙(세정제)의 양은 세척수를 혼탁한 상태로 만들기에 충분한 양이어야 한다.
4) 흙을 함유하는 세정제의 사용도 허용된다.

B2. 물의 소건

사용하는 물의 조건은 다음과 같아야 한다:

1) 자연수(Mutlaq)이어야 한다.
2) 사용되었던 물(Musta'mal)이 아니어야 한다.
3) 불결한 것(Najis)이 없어야 한다.

부록 C

(참조 표준)

이슬람 규정에 따른 닭 및 소의 도축부위 해설

C1. 닭의 도축부위와 방법

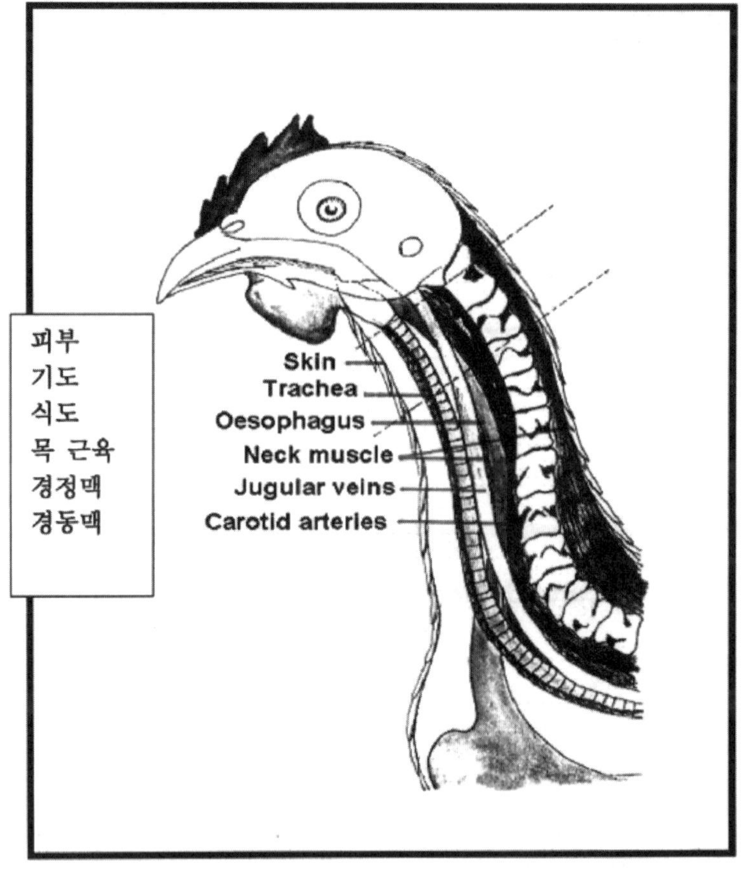

그림C1. 닭의 도축 부분

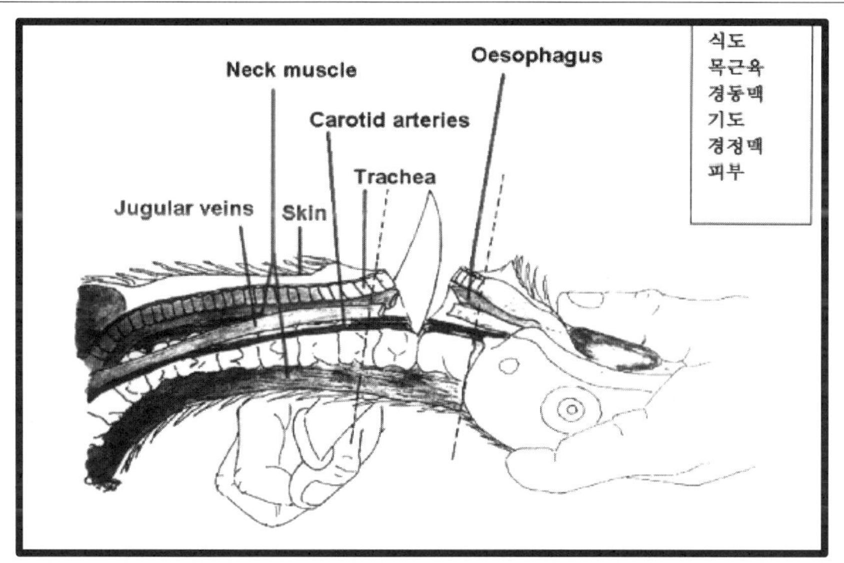

그림 C2. 닭의 도축 방법

C.2 소의 도축부위와 방법

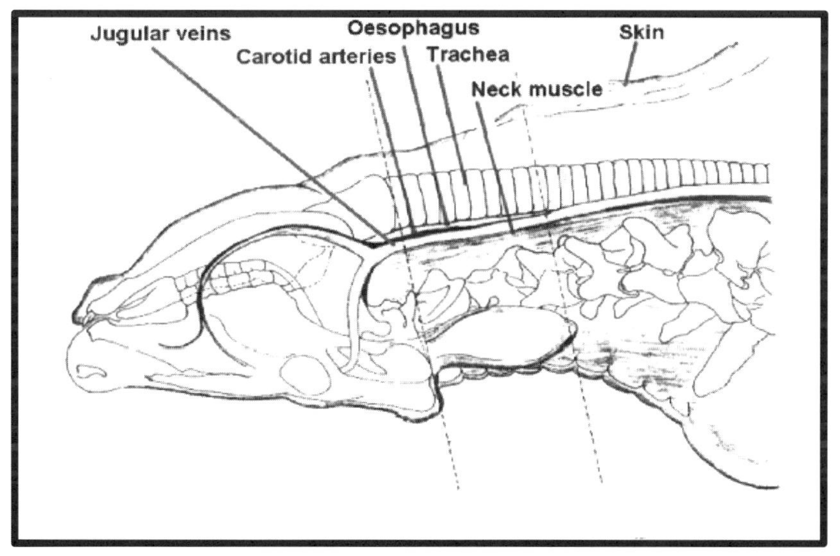

그림C3. 소의 도축 부분

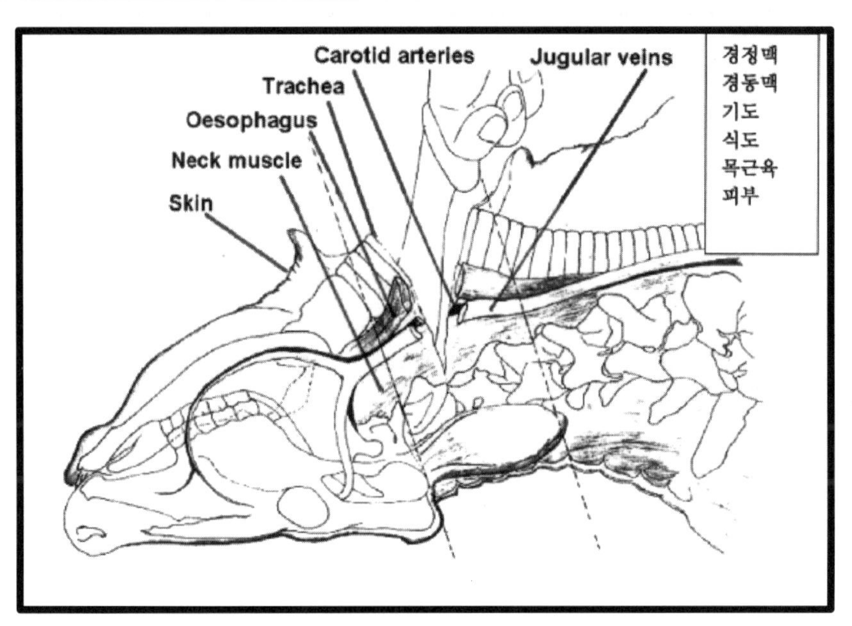
Carotid arteries
Jugular veins
Trachea
Oesophagus
Neck muscle
Skin
경정맥
경동맥
기도
식도
목근육
피부

그림C4. 소의 도축 방법

KMF 할랄인증 취득업체 준수사항

□ **KMF 할랄인증을 취득한 업체 준수사항**

1. KMF 할랄 인증은 한국이슬람교 할랄위원회에서 정한 규정에 의한다.
2. 이슬람법에 따른 제조공정을 준수한다.
3. 할랄 인증요건을 유지 관리해야 한다.
4. 할랄 인증기간 만료 2개월 전 갱신 신청을 해야 한다.
5. KMF 할랄인증기관의 위상을 손상시켜서는 아니 된다.

□ **KMF 할랄인증 취소 사항**

1. 인증 기일만료 및 재발급 기간만료
2. 모니터링 거부
3. 제품 제조공정 위배
4. 부정한 방법으로 취득한 인증
5. KMF 할랄인증기관 위상 손상 시

□ **KMF 할랄인증 재발급 요건**

1. 개선, 권고 사항 시정조치 완료
2. 인증품목의 종류, 명칭의 변경
3. 권리양도, 양수, 사업자 변경
4. 할랄 인증서 분실 및 훼손

* 위 사유가 발생한 날부터 10일 이내 재발급 신청을 해야 한다.

□ **KMF 할랄인증업체의 준수사항 위반에 대한 조치**

제1차: 준수조항 위반 사유서 제출

제2차: 할랄인증 재실사

제3차: 할랄인증의 취소

* 할랄인증 취소 업체는 KMF 할랄위원회가 발급한 인증서를 사용할 수 없다.

위에 명시되지 않은 사항은 샤리아위원회의 파트와에 따라 할랄위원회에서 결정한다.

위 사항을 준수할 것을 확인합니다.

년 월 일

업체명 :

대표이사 :

(재)한국이슬람교 할랄위원회 위원장

■ KMF 할랄 식당 인증절차

할랄 레스토랑과 무슬림친화 식당

국내에는 KMF(재단법인 한국이슬람교) 인증기관으로부터 인증을 받아 운영하는 할랄인증 식당, 자가 할랄인증 식당 그리고 프랜들리 식당 세 종류가 있다.

1. 할랄인증(halal certified) 식당

KMF 할랄인증 기관의 인증을 받아 운영하는 식당

2. 무슬림 친화 레스토랑(muslim friendly)

무슬림 친화 레스토랑은 한국관광공사에서 한국을 찾는 무슬림 관광객들이 손쉽게 비하람 음식을 먹을 수 있도록 '무슬림 친화 레스토랑 분류제'를 3단계로 분류하며, 2016년 10월을 기준으로 리조트나 호텔 내 식당 22개를 포함하여 전국에 136개 레스토랑이 무슬림 친화 레스토랑으로 선정되어 있으며, 친화식당 인증기준은 다음과 같다. (관광공사, 무슬림 관광객 유치 안내서, 60쪽)

■ 무슬림 자가 인정 할랄(self certified) 식당이다.

할랄 식재료만을 사용하며 술을 비롯한 하람 음료를 전혀 팔지 않고 운영자와 조리사가 무슬림으로서 할랄임을 스스로 인증한 식당이다.

■ **무슬림 프랜들리(muslim friendly) 식당**

할랄 메뉴 전체 또는 일부를 판매하면서 이슬람이 금기하고 있는 술을 판매하는 식당으로 비무슬림이 운영하는 식당이다.

■ **포크 프리(fork free) 식당**

할랄 메뉴는 제공되지 않으나 돼지고기를 제외한 비할랄 육류를 이용하여 조리하는 식당으로 비무슬림이 운영하는 식당이다.

3. KMF 할랄 인증기관의 인증조건

- 운영자는 2명 이상의 무슬림 요리사를 채용해야 하며 운영자가 무슬림이면 좋으나 필요조건은 아님
- 모든 식재료는 반드시 할랄이어야 함
- 술 판매와 유흥업 불허
- 메뉴 정보(메뉴명칭, 식품 재료, 조미료)
- 식품재료 공급처 정보
- 독립 조리실과 독립 조리기구
- 독립 보관소 및 냉장고
- 독립 이동 도구 및 독립 식기류
- 공개요리
- 독립 식탁배치

4. 할랄인증 식당 신청서류

■ 할랄인증 신청서 표지

대표자 직인과 정확한 회사명, 주소, 식당 이름을 한국어 및 영어로 표기 (첨부 파일의 신청서를 작성)

신청정보 (필수)

	한글명	영문명
회사명	한글 회사명	인증서에 기재될 영문 회사명
주소	한글 주소	인증서에 기재될 영문 주소
식당명	한글 식당 명	인증서에 기재될 식당 영문명
신청인	담당자 이름, 전화번호, 휴대전화번호, 이메일	

■ 사업자 등록증

■ 영업 신고증

■ 관광시설 증명서(선택)

■ 메뉴판과 간판 이미지

■ 메뉴 목록

■ 사용 재료 목록

	원료	제조회사	제품명	할랄 마크	비고
1	물엿	오뚜기	오뚜기 옛날 물엿	×	
2					

3					
4					
5					
6					

5. 참고사항

- 할랄 인증서의 유효기간은 인증서 발급 후 1~2년 동안이며 1년 혹은 2년 단위로 갱신이 이루어짐.
- 할랄 인증 후 6개월 후 중간 모니터링을 행하며 할랄에 적합하지 않은 경우 인증이 취소될 수 있음.
- 식당 내에 이슬람 율법에 의해 도살되지 않은 육류 및 이슬람 율법이 허용하지 않는 원료가 함께 사용된다면 할랄 인증이 되지 않음.
- 사용 원료들은 교차오염의 가능성이 없어야 함.
- 주류를 판매할 경우 할랄 식당의 인증서는 발급되지 않음.
- 서류 제출 이후 변동 사항이 있을 경우 즉시 알려야 하며 할랄 규정에 적절하지 못하다고 판단될 경우 할랄 인증이 취소될 수 있음.
- 사용되는 육류는 반드시 할랄 인증을 받은 제품이어야만 하며 공급 업체에 대한 서류와 정보를 제출해야 함.
- 모든 조리 재료는 할랄 제품이거나 이에 준하는 조건을 가져야만 함.

■ 할랄 인증을 받은 후 사실과 다른 것이 확인될 경우 그 즉시 취소가 가능함.

6. 협조사항

■ 재발급인 경우는 기존 할랄 증명서 사본을 제출하여야 함.
■ 원료는 각각의 요소가 상세하고 정확하게 기재되어 있어야 함.
■ 경우에 따라 추가서류를 요청할 수도 있음.
■ 할랄 인증료 (부가세 10% 별도).

7. 경비 및 유효기간

■ 접수비: 10만 원 (서류 접수 시 선납)
■ 실사비: 경기 20만 원 / 충청 25만 원 / 강원, 영남, 호남 30만 원 / 제주 35만 원 (서류 접수 시 선납) — 1인기준 비용이며, 2인 1조가 원칙임.
■ 인증료: 60만 원
할랄 위원회의 최종 승인 후 할랄 인증서가 발급되면, 최초 납부하신 서류 접수비를 제외한 나머지 금액을 청구함.
청구된 금액이 입금되면 발급된 할랄 인증서 원본이 발송됨.
※ 서류검토 과정 중 인증이 불가하더라도 접수비는 환불되지 않음.
■ 인증서 유효기간 : 발급일로부터 1년 혹은 2년

8. 기타 사항

- 구비서류 접수 후 검토 과정에서 필요 시 담당자에게 연락을 드리며, 서류 검토를 진행함.
- 서류 검토가 완료되면 현장 실사는 업체 담당자와 협의 후 진행함.
- 선납금 및 인증요금 납부는 다음 계좌로 입금함.

계좌번호: 국민은행 026437-04-000994(재단법인 한국 이슬람교)

- 모든 발급관련 서류는 원본 또는 원본 대조필하여 접수함.
- 할랄 인증을 받은 식당은 주보와 KMF 홈페이지에 개시함.

할랄 식당 인증 신청서

(식당 이름)은/는 KOREA MUSLIM FEDERATION(KMF)의 할랄 식당 인증을 아래와 같이 신청 합니다.

	한글명	영문명
회사명	한글 회사명	인증서에 기재될 영문 회사명
주소	한글 주소	인증서에 기재될 영문 주소
식당명	한글 식당 명	인증서에 기재될 식당 영문명
신청인	담당자 이름, 전화번호, 휴대전화번호, 이메일	

※ 첨부서류

- 사업자 등록증
- 영업 신고증
- 관광시설 증명서 (선택)
- 메뉴판과 간판 이미지
- 메뉴 목록
- 사용재료 목록 (※ 표1 참조)

상기 신청 사실에는 허위가 없음을 확인합니다.

20 년 월 일 요일

신청인 : (인)

※ 신청절차

- 신청서 제출
- 서류심사 (합격/불합격)
- 현장실사 (합격/불합격)
- 교육 (합격/불합격)
- 인증서발급
- 모니터링

제4부

할랄 식품 첨가물 리스트

할랄 식품 첨가물 리스트

출처: handbook of halal food additives(JAKIM)

E/INS Numbers 일련번호	Category of Food Additives 식품 첨가물 카테고리
100-199	Colours 착색료
200-299	Preservatives 보존료
300-399	Oxidants/phosphates/antioxidant 산화제/인산염/산화방지제, 방부제
400-499	Thickeners/moisturizer/anti-caking stabilsiers/emulsifiers 증점제/보습제/케이킹방지제(안티케이킹안정제)/유화제
500-599	Salts/other mixtures 소금/기타 혼합제
600-699	Flavour enhancer 향미증진제
900-999	Glazing agent/sweetener/compound used for flour treatment 광택제/감미제/밀가루개량제
1000-1399	Carious food additives 기타 식품첨가물
1400-1499	Artificial starch 변성전분

E-코드/INS	첨가물 명칭	기원	기능	비고
100	Tumeric (Curcumin) 커큐민	Plant 식물	Colour 착색료	
102	Tartrazine/FD&C Yellow 5 타르트라진/식용색소 황색 제5호	Chemical 화학	Colour 착색료	
104	Quinoline Yellow 퀴놀린옐로	Chemical 화학	Colour 착색료	
110	Sunset Yellow FCF/FD&C Yellow 6 식용색소 황색 제6호 오렌지옐로S 식용색소황색 제6호	Chemical 화학	Colour 착색료	
120	Carmines 코치닐 카르민산	Insect 곤충	Colour 착색료	
122	Carmoisine/Azorubine 카르모이신 아조루빈	Chemical 화학	Colour 착색료	
123	Amaranth/FD&C Red 2 식용색소 적색 제2호 아마란스	Chemical 화학	Colour 착색료	
124	Ponceau 4R/Cochineal Red A 코치닐레드A 식용색소 적색 제102호 폰소4R	Chemical 화학	Colour 착색료	
127	Erythrosine/FD&C Red 3 에리트로신BS 식용색소 적색 제3호	Chemical 화학	Colour 착색료	
128	Red 2G 레드2G	Chemical 화학	Colour 착색료	
129	Allura Red AC/Food Red	Chemical	Colour	

	17/FD&C Red 40 알루아레드 식용색소 적색 제40호	화학	착색료	
132	INdigotine/FD&C Blue 2 인디고카르민 인디고 틴 식용색소 청색 제2호	Chemical 화학	Colour 착색료	
133	Brillant Blue FCF/FD&C Blue 1 브릴리언트 블루 FCF 식용색소 청색 제1호	Chemical 화학	Colour 착색료	
140	Chlorophyll 엽록소 나뭇잎의 천연 녹색색소 클로로필린	Plant 식물	Colour 착색료	
141	Copper Complexes of Chlorophyll 엽록소의 구리 착물 클로로필린	Plant 식물	Colour 착색료	
142	Green S/ Acid Brillant Green BS/ Food green S/ Lissamine green 그린S 애시드 브릴리언트 그린BS	Chemical 화학	Colour 착색료	
143	Fast Green FCF/ Food green No.3 식용녹색 제3호	Chemical 화학	Colour 착색료	
150	Caramel 캐러멜색소(설탕으로 만든 것)	Plant 식물	Colour 착색료	
151	Brillant Black PN 블랙PN 브릴리언트 블랙PN	Chemical 화학	Colour 착색료	
155	Brown HT/Chocolate Brown	Chemical	Colour	

	HT 브라운HT 초콜렛브라운HT	화학	착색료	
160a	Carotene 혼합카로틴 베타카로틴	Plant 식물	Colour 착색료	
160b	Annatto 안나토 빅신 노르빅신	Plant 식물	Colour 착색료	
160c	Capsanthin/Capsorubin/Paprika extract 캡산틴 캡소루빈 파프리카추출물	Plant 식물	Colour 착색료	
160d	Lycopene 리코펜	Plant 식물	Colour 착색료	
161b	Lutein 루테인	Plant 식물	Colour 착색료	
161c	Cryptoxanthin 크립토크산틴	Plant/ Animal 식물/동물	Colour 착색료	
161d	Rubixanthin 루비크산틴	Plant 식물	Colour 착색료	
161e	Violaxanthin 비올라크산틴	Chemical 화학	Colour 착색료	
161f	Rhodoxanthin 로도크산틴	Plant 식물	Colour 착색료	
162	Ciolaxanthin 시욜라크탄신	Plant 식물	Colour 착색료	
163	Anthocyanins 안토시아닌(식물성안료)	Plant 식물	Colour 착색료	
171	Titanium Dioxide	Natural	Colour	

	이산화티타늄	mineral 천연미네랄	착색료	
172	Iron Oxides Iron Oxide, Black Iron Oxide, Yellow Iron Oxide, Red 산화철, 수산화물	Natural mineral 천연미네랄	Colour 착색료	
173	Aluminium salts (lakes) 알루미늄 소금	Natural mineral 천연미네랄	Colour 착색료	
200	Sorbic Acid 소르빈산	Plant/Chemical 식물/화학	Presevative 보존료	
201	Sodium Sorbate 소르빈산나트륨	Chemical 화학	Presevative 보존료	
202	Potassium Sorbate 소르빈산칼륨	Chemical 화학	Presevative 보존료	
203	Calcium Sorbate 소르빈산칼슘	Chemical 화학	Presevative 보존료	
210	Benzoic Acid 벤조산(과일에서 자연적으로 발생)	Plant/Chemical 식물/화학	Presevative 보존료	
211	Sodium Benzoate 벤조산나트륨	Plant/Chemical 식물/화학	Presevative 보존료	
212	Potassium Benzoate 벤조산칼륨	Plant/Chemical 식물/화학	Presevative 보존료	
213	Calcium Benzoate 벤조산칼슘	Plant/Chemical 식물/화학	Presevative 보존료	
214	Ethyl 4-hydroxybenzoate/ Ethyl para-hydroxybenzoate 에틸파라-하이드록시벤조에이트	Plant/Chemical 식물/화학	Presevative 보존료	

215	Ethyl 4-hydroxybenzoate, Sodium Salt/Sodium Ethyl para-hydroxybenzoate 에틸파라-하이드록시벤조에이트, 나트륨염	Plant/ Chemical 식물/화학	Presevative 보존료	
216	Propyl 4 - hydroxybenzoate / Propylparaben 프로필파라-하이드록시벤조에이트	Plant/ Chemical 식물/화학	Presevative 보존료	
217	Propyl 4 - hydroxybenzoate, Sodium Salt 프로필파라-하이드록시벤조에이트, 나트륨염	Plant/ Chemical 식물/화학	Presevative 보존료	
218	Methly 4 - hydroxybenzoate / Methylparaben 메틸파라-하이드록시벤조에이트	Plant/ Chemical 식물/화학	Presevative 보존료	
219	Methly 4 - hydroxybenzoate, Sodium Salt 메틸파라-하이드록시벤조에이트, 나트륨염	Plant/ Chemical 식물/화학	Presevative 보존료	
220	Sulphur Dioxide 이산화황(깐 감자의 갈변 현상을 방지하기 위해서도 사용)	Chemical 화학	Presevative Antioxidant	
221	Sodium Sulphite 황산나트륨	Chemical 화학	Presevative 보존료	
222	Sodium Hydrogen Sulphite/Sodium Bisulphite 황산수소나트륨	Chemical 화학	Presevative 보존료	
223	Sodium Metabisulphite 메타중아황산나트륨	Chemical 화학	Presevative 보존료	
224	Potassium Metabisulphite/ Potassium Pyrosulphite	Chemical 화학	Presevative 보존료	

	메타중아황산칼륨			
225	Potassium Sulphite 황산칼륨	Chemical 화학	Presevative 보존료	
226	Calcium Sulphite 황산칼슘	Chemical 화학	Presevative 보존료	
227	Calcium Gydrogen Sulphite/Calcium Bisulphite 황산수소칼슘	Chemical 화학	Presevative 보존료	
234	Nisin 니신	Microbes 미생물	Presevative 보존료	
235	Natamycin/Primaricin 나타마이신[NATA] (치즈 및 건조 저장 소시지의 표면 처리용)	Microbes 미생물	Presevative 보존료	
239	Hexamine 헥사민 헥사메틸렌테트라민	Chemical 화학	Presevative 보존료	
250	Sodium Nitrite 아질산나트륨	Chemical 화학	Presevative Colour fixative 보존료	
251	Sodium Nitrate 질산나트륨	Natural mineral 천연미네랄	Presevative Colour fixative 보존료 착색료	
260	Acetic Acid 아세트산	Chemical 화학	Presevative Acidity Regulator 보존료 산도조절제	
261	Potassium Acetate 아세트산칼륨	Chemical 화학	Presevative Acidity Regulator	

			보존료 산도조절제	
262	Sodium Acetate 아세트산나트륨 이초산나트륨	Chemical 화학	Presevative Acidity Regulator 보존료 산도조절제	
263	Calcium acetate 아세트산칼슘	Chemical 화학	Preservative Stabilizer Acidity Regulator 보존료 안정제 산도조절제	
264	Ammonium Acetate 아세트산암모늄	Chemical 화학	Presevative Acidity Regulator 보존료 산도조절제	
280	Propionic Acid 프로피온산	Chemical 화학	Presevative 보존료	
281	Sodium Propionate 프로피온산나트륨	Chemical 화학	Presevative 보존료	
282	Calcium Propionate 프로피온산칼슘	Chemical 화학	Presevative 보존료	
283	Potassium Propionate 프로피온산칼륨	Chemical 화학	Presevative 보존료	
290	Carbon Dioxide 이산화탄소	Chemical 화학	Propellant 분사제	
296	Malic Acid (D-or-L) 말산	Chemical/ Plant 화학/식물	Acidity Regulator 산도조절제	
287	Fumaric Acid	Plant	Acidity	

	푸마르산	식물	Regulator 산도조절제	
300	Ascorbic Acid (L-) L-아스코르빈산(비타민C)	Plant/ Chemical 식물/화학	Antioxidant 산화방지제	
301	Sodium Ascorbate L-아스코르빈산나트륨	Plant/ Chemical 식물/화학	Antioxidant 산화방지제	
302	Calcium Ascorbate L-아스코르빈산칼슘	Plant/ Chemical 식물/화학	Antioxidant 산화방지제	
303	Potassium Ascorbate L-아스코르빈산칼륨	Plant/ Chemical 식물/화학	Antioxidant 산화방지제	
304	Ascorbyl Palmitate 아스코빌팔미테이트	Plant/ Chemical 식물/화학	Antioxidant 산화방지제	
306	Mixed Tocopherols Concentrate 토코페롤 (천연추출물에 풍부)	Plant 식물	Antioxidant 산화방지제	
307	Alpha-Tocopherol 알파-토코페롤(혼합형)	Plant 식물	Antioxidant 산화방지제	
308	Gamma-Tocopherol 감마-토코페롤(혼합형)	Plant 식물	Antioxidant 산화방지제	
309	Delta-Tocopherol 델타-토코페롤(혼합형)	Plant 식물	Antioxidant 산화방지제	
310	Propyl Gallate 프로필갈레이트	Plant/ Chemical 식물/화학	Antioxidant 산화방지제	
311	Octyl Gallate 옥틸갈레이트	Plant/ Chemical 식물/화학	Antioxidant 산화방지제	
312	Dodecyl Gallate 도데실갈레이트	Plant/ Chemical	Antioxidant 산화방지제	

		식물/화학		
317	Erythorbic Acid/ Iso-Ascorbic Acid 에리소르빈산 이소아스코르빈산	Plant/ Microbes	Antioxidant 산화방지제	
318	Sodium Erythorbate/Sodium Iso-Ascorbate 에리소르빈산나트륨 이소아스코르빈산나트륨	Chemical 화학	Antioxidant 산화방지제	
319	Tert-Butylhydro-quinone (TBHQ) 부틸하이드로퀴논	Chemical 화학	Antioxidant 산화방지제	
320	Butylated Hydroxy-anisole (BHA) 부틸하이드록시아니솔	Chemical 화학	Antioxidant 산화방지제	
321	Butylated Hydroxy-toluene (BHT) 부틸하이드록시톨루엔	Chemical 화학	Antioxidant 산화방지제	
322	Lecithins 레시틴	Plant/ Animal 식물/동물	Emulsifier/ Antioxidant 유화제 산화방지제	
330	Citric Acid 구연산(체내에서 형성되며, 대부분 과일에 존재)	Microbes/ Plant 미생물/ 식물	Food Acid 식품의 산(酸)	
331	Sodium Dihydrogen Citrates 구연산나트륨	Chemical 화학	Acidity Regulator Sequestrant Emulsifier Stabilizer 산도조절제 금속조절제	

			유화제 안정제	
332	Sodium Dihydrogen Citrates 구연산칼륨	Chemical 화학	Acidity Regulator Sequestrant Emulsifier Stabilizer 산도조절제 금속조절제 유화제 안정제	
333	Calcium citrate 구연산칼슘	Chemical 화학	Acidity Regulator Firming Agent Sequestrant 산도조절제 고결제 금속조절제	
338	Phosphoric Acid 인산	Chemical 화학	Acidity Regulator Antioxidant synergist 산도조절제 산화방지제 상승제 (산화방지제)	
339	Sodium Phosphates 1인산나트륨 2인산나트륨 3인산나트륨	Chemical 화학	Acidity Regulator Sequestrant Emulsifier Texturizer Stabilizer Water	

			Retention Agent 산화방지제 금속조절제 유화제 텍스처라이저 안정제 수분유지제	
340	Potassium Phosphates 1인산칼륨 2인산칼륨 3인산칼륨	Chemical 화학	Acidity Regulator Sequestrant Emulsifier Texturizer Stabilizer Water Retention Agent 산화방지제 금속조절제 유화제 텍스처라이저 안정제 수분유지제	
341	Calcium Phosphates 1인산칼슘 2인산칼슘 3인산칼슘	Chemical 화학	Mineral Salt 미네랄 소금	
343	Magnesium Phosphates 인산마그네슘	Natural mineral 천연미네랄	Mineral Salt 미네랄 소금	
350	Sodium Malate/ Sodium Hydrogen Malate 말산나트륨	Natural mineral 천연미네랄	Food Acid 식품의 산(酸)	
351	Potassium Malate	Chemical	Food Acid	

	말산칼륨	화학	식품의 산(酸)	
352	Calcium Malate/Calcium Hydrogen Malate 말산칼슘	Chemical 화학	Food Acid 식품의 산(酸)	
355	Adipic Acid 아디프산	Chemical 화학	Buffer 완충제	
357	Potassium Adipate 아디프산칼륨	Chemical 화학	Buffer 완충제	
363	Succinic Acid 숙신산	Chemical 화학	식품의 산(酸)	
365	Sodium Fumarate 푸마르산염나트륨	Chemical 화학	Food Acid 식품의 산(酸)	
366	Calcium Fumarate 푸마르산염칼륨	Chemical 화학	Food Acid 식품의 산(酸)	
367	Calcium Fumarate 푸마르산염칼슘	Chemical 화학	Food Acid 식품의 산(酸)	
380	Tri-ammonium Citrate 구연산트리암모늄	Chemical 화학	Buffer 완충제	
381	Ammonium Ferric Citrate 구연산철암모늄	Chemical 화학	Dietary Supplement 건강보조식품	
384	Isopropyl Citrates 구연산이소프로필	Chemical 화학	Antioxidant Preservative Sequestrant 산화방지제 보존료 금속조절제	
385	Calcium Disodium EDTA EDTA 칼슘2나트륨	Chemical 화학	Chelating Agent 착화제	
400	Alginic Acid 알긴산(해조류 유래)	Plant 식물	Thickener 증점제	
401	Sodium Alginate	Plant	Thickener	

	알긴산나트륨	식물	증점제	
402	Potassium Alginate 알긴산칼륨	Plant 식물	Thickener 증점제	
403	Ammonium Alginate 알긴산암모늄	Plant 식물	Thickener 증점제	
404	Calcium Alginate 알긴산칼슘	Plant 식물	Thickener 증점제	
405	Propylene Glycol Alginate 알긴산프로판-1,2-디올	Plant 식물	Thickener Emulsifier 증점제 유화제	
406	Agar 아가(해조류 유래)	Plant 식물	Thickener Gelling Agent Stabilizer 증점제 겔형성제 안정제	
407	Carrageenan 카르기난(홍조류유래)	Plant 식물	Thickener Gelling Agent Stabilizer 증점제 겔형성제 안정제	
408	Bakers Yeast Glycan 글리칸 빵효모	Microbe 미생물	Thickener Stabilizer 증점제 안정제	
410	Carob Bean Gum (Locust Bean Gum) 로커스트콩검(캐롭검)	Plant 식물	Thickener Stabilizer 증점제 안정제	

412	Guar Gum 구아검	Plant 식물	Thickener Stabilizer 증점제 안정제	
413	Tragacanth Gum 트라가칸스검	Plant 식물	Thickener Stabilizer Emulsifier 증점제 안정제 유화제	
414	Gum Arabic (Acacia Gum) 아라비아검(아카시아검)	Plant Natural	Thickener Stabilizer 증점제 안정제	
415	Xanthan Gum 잔탄검	Microbe 미생물	Thickener Stabilizer 증점제 안정제	
416	Karaya Gum 카라야검	Plant 식물	Thickener Stabilizer 증점제 안정제	
418	Gellan Gum 젤란검	Plant 식물	Thickener Gelling Agent Stabilizer 증점제 겔형성제 안정제	
420	Sorbitol and Sorbitol Syrup 소르비톨 솔비톨 솔비톨시럽	Plant 식물	Sweetener Humectant Sequestrant Texturizer Emulsifier	

			감미료 습윤제 금속조절제 텍스쳐라이져 유화제	
421	Mannitol/Manna Sugar 만니톨	Plant 식물	Humectant 습윤제	
440	Pectin 펙틴	Plant 식물	Stabilizer Thickener Gelling Agent 안정제 증점제 겔형성제	
458	Gamma Cyciodextrin 감마-사이클로덱스트린	Plant/ Microbes 식물 미생물	Stabilizer Binder 안정제 결합제	
459	Beta cyclo dextrin 베타-사이클로덱스트린	Plant/ Microbes 식물 미생물	Stabilizer Binder 안정제 결합제	
460	Powdered Cellulose 결정 셀룰로오스 분말 셀룰로오스	Plant/ Microbes 식물 미생물	Emulsifier Anticaking Agent Texturizer Dispersing Agent 유화제 케이킹방지제 분산제	
461	Methylcellulose/ Cologel/Methoce 메틸셀룰로오스	Plant 식물	Thickener 증점제	

463	Hydroxypropyl cellulose 하이드록시프로필셀룰로오스	Plant 식물	Thickener 증점제	
464	Hydroxypropyl-Methylcellulose 하이드록시프로필 메틸셀룰로오스	Plant 식물	Thickener 증점제	
465	Ethylmethyl cellulose 에틸셀룰로오스	Plant 식물	Thickener 증점제	
500	Sodium Carbonate 탄산나트륨 탄산수소나트륨	Chemical/ Natural 화학/천연	Agent Anticaking Agent 케이킹방지제	
501	Potassium Carbonate/Potassium Hydrogen Carbonate 탄산칼륨 탄산수소칼륨	Chemical/ Natural 화학/천연	Mineral Salt 미네렐 소금	
504	Magnesium Carbonate 탄산마그네슘 탄산수소마그네슘	Chemical/ Natural 화학/천연	Mineral Salt 미네랄 소금	
507	Hydrochioric Acid 염산(보톤 소금은 염화나트륨)	Chemical 화학	Food Acid 식품의 산(酸)	
508	Potassium Chioride 염화칼륨	Natural mineral 천연미네랄	Gelling Agent 겔형성제	
509	Calcium Chloride 염화칼슘	Natural/ Chemical 천연/화학	Firming Agent 고결제	
510	Ammonium Chloride 염화암모늄	Chemical 화학	Flour Treatment Agent 밀가루개량제	
511	Magnesium Chloride 염화마그네슘	Chemical 화학	Firming Agent	

			고결제	
513	Sulphuric Acid 황산	Chemical 화학	Food Acid 식품의 산(酸)	
514	Sodium Sulphate 황산나트륨 황산수소나트륨	Chemical 화학	Diluents 희석액	
515	PotasiumSulphate 황산칼륨 황산수소칼륨	Chemical 화학	Salt Substitute 염대치물	
516	Calcium Sulphate 황산칼슘	Natural 천연	Flour Treatment Agent 밀가루개량제	
518	Magnesium Sulphate 황산마그네슘	Natural 천연	Dietary Supplement/ Firming 건강보조식품 고결제	
519	Cupric Sulphate/Copper Sulphate 황산구리	Natural 천연	Preservative/ Colour Fixative 보존료 착색료	
524	Sodium Hydroxide 수산화나트륨	Chemical 화학	Neutralizing Agent 중화제	
525	Potassium Hhydroxide 수산화칼륨	Chemical 화학	Oxidizing Agent 산화제	
526	Calcium Hydroxide 수산화칼슘	Natural 천연	Neutralizing Agent 중화제	
527	Ammonium Hydroxide	Natural	Alkali	

	수산화암모늄	천연	알칼리	
528	Magnesium Hydroxid 수산화마그네슘	Natural 천연	Alkali 알칼리	
529	Calcium Oxide 산화칼슘	Natural 천연	Alkali 알칼리	
530	Magnesium Oxide 산화마그네슘	Natural 천연	Alkali 알칼리	
551	Silicon Dioxide Amorphous 이산화규소(규사)	Natural 천연	Anticaking Agent 케이킹방지제	
552	Calcium Silicate 규산칼슘	Natural Chemical 천연/화학	Neutralizing Agent 중화제	
553a	Magnesium Silicate/Magnesium Trisilicate 규산마그네슘 마그네슘삼규산염	Chemical/ Natural 화학/천연	Anticaking Agent 케이킹방지제	
553b	Talc 탈크	Natural 천연	Anticaking Agent 케이킹방지제	
554	Aluminium Sodium Silicate/Sodium Aluminosilicate 규산알루미늄나트륨	Natural 천연	Anticaking Agent 케이킹방지제	
556	Aluminium Calcium Silicate 규산알루미늄칼슘	Natural 천연	Anticaking Agent 케이킹방지제	
558	Bentonite 벤토나이트	Natural 천연	Anticaking Agent 케이킹방지제	
559	Kaolin 카올린	Natural 천연	Anticaking Agent 케이킹방지제	
575	Glucono Delta-Lactone	Plant	Sequestrant	

	글루코노델타락톤	식물	금속조절제	
576	Sodium Gluconate 글루콘산나트륨	Plant 식물	Sequestrant 금속조절제	
577	Potassium Gluconate 글루콘산칼륨	Plant 식물	Sequestrant 금속조절제	
578	Calcium Gluconate 글루콘산칼슘	Plant 식물	Acidity Regulator 산도조절제	
579	Ferrous Gluconate 글루콘산철	Plant/ Natural 식물/천연	Colouring/ Flavoring 착색료 착향료	
620	L-Glutamic Acid L-글루타민산 (천연 아미노산)	Microbes/ Plant 미생물 식물	Flavor Enhancer 향미증진제	
621	Monosodium Glutamate/MSG 글루탐산모노나트륨(MSG)	Plant 식물	Flavor Enhancer 향미증진제	
622	Monopotassium Glutamate 글루탐산칼륨	Plant 식물	Flavor Enhancer 향미증진제	
623	Calcium Glutamate 글루탐산칼슘	Plant 식물	Flavor Enhancer 향미증진제	
627	Disodium Guanylate 구아닐산이나트륨	Microbes Animal Chemical 미생물 동물 화학	Flavor Enhancer 향미증진제	
636	Maltol 말톨	Plant/ Chemical	Flovor Enhancer	

		식물/화학	향미증진제	
637	Ethyl Maltol 에틸말톨	Plant/ Chemical 식물/화학	Flovor Enhancer 향미증진제	
900a	Polydimethyl siloxane 폴리디메틸실록산	Chemical 화학	Antifoaming Agent Anticaking Agent Emulsifier 소포제 케이킹방지제 유화제	
900b	Methylphenylpolysiloxane 메칠페닐폴리실록산	Chemical 화학	Antifoaming Agent 소포제	
901	Beeswax 밀랍	Animal 동물	Glazing Agent 광택제	
903	Carnauba wax 카르나우바 왁스	Plant 식물	Glazing Agent 광택제	
905	Mineral Oil/Petrolatum 미네랄오일 페트롤라텀 페트로라텀(바세린)	Chemical 화학	Glazing Agent 광택제	
907	Refined Microcrystalline wax 정제된 마이크로크리스탈린왁스 마이크로왁스	Chemical 화학	Glazing Agent 광택제	
925	Chlorine 염소	Chemical 화학	Preservative/ Bleacing Agent 보존료 표백제	

926	Chlorine Dioxide 이산화염소	Chemical 화학	Flour Treatment Agent 밀가루개량제	
927	Azodicarbonamide 아조디카바마이드	Chemical 화학	Flour Treatment Agent 밀가루개량제	
928	Benzoyl Peroxide 과산화벤조일	Chemical 화학	Flour Treatment Agent 밀가루개량제	
931	Nitrogen 질소	Natural Chemical	Propellant 분사제	
932	Nitrous Oxide 아산화질소	Chemical 화학	Propellant 분사제	
950	Acesulphame Potassium/Sunett 아세설팜K	Chemical 화학	Artificial Sweetener 인공감미료	
954	Saccharin and its Calcium and Sodium Salts 사카린 사카린나트륨 사카린칼륨 사카린칼슘	Chemical 화학	Artificial Sweetener 인공감미료	
957	Thaumatin 토마틴	Plant 식물	Artificial Sweetener 인공감미료	
965	Hydrogenated Glucose Syrup 말티톨 말티톨시럽	Plant 식물	Humectant 카습윤제	
967	Xylitol 자일리톨	Plant Microbes	Sweetener 감미료	

		식물 미생물		
1200	Poldextrose A and N 폴리덱스트로오스	Chemical 화학	Bulking Agent Stabilizer Thickener zhumectant Texturizer 증량제 안정제 증점제 텍스처라이저	
1201	Polyvinyl pyrrolidone 폴리비닐피롤리돈	Chemical 화학	Adjuvant, Emulsifier, Glazing Agent, Stabilizer, Thickener 보조제 유화제 광택제 안정제 증점제	
1202	Polyvinyl Polypyrrolidone 폴리비닐폴리피롤리돈	Chemical 화학	Colour stabilizer, Colloidal, Stabilizer 착색료 안정제 콜로이드 안정제	
1400	Dextrin 덱스트린	Plant 식물	Thickener 증점제	
1403	Bleached Starch	Plant	Thickener	

	표백전분 표백녹말	식물	증점제	
1404	Oxidised Starch 산화녹말	Plant 식물	Thickener 증점제	
1420	Starch Acetate Esterified With Acetic Anhydride 초산전분	Plant 식물	Thickener 증점제	
1421	Starch Acetate Esterified with Vinyl Acetate 비닐아세트산과 에스테르된 아세트산 전분	Plant 식물	Thickener 증점제	
1422	Acetylated DistarchAdipate 아세틸아디핀산전분	Plant 식물	Thickener 증점제	
1440	Hydroxypropyl Starch 하이드록시프로필전분	Plant 식물	Thickener 증점제	
1450	Starch, Sodium Octenyl Succinate. 옥테닐호박산나트륨전분	Plant 식물	Thickener 증점제	

끼블라(qiblah)

메카 하람 모스크 중심에 있는 카바 신전 방향.

끼야스(Qiyas: 유추)

추론적인 유추로 새로운 사례에 확대 적용하는 것.

나지스(najis)

코란의 아랍어로 나지스(najis) '불결하거나 더러운 것'이란 자구적 의미와 더불어 하람을 구성하는 물질들이다.

나지스 무갈라자(najis mughalazah)

돼지와 개의 배설구로부터 배설되는 모든 액체 및 물체, 그 파생물 및 부산물, 죽은 동물, 피, 부패한 고기 그리고 이것들에서 파생된 모든 부산물은 심각한 나지스로 간주된다.

나지스 무캇파파(najis mukhaffafah)

약한 수준의 나지스로 간주되는 것. 이 범주에 속하는 유일한 나지스는 모유 외에 일체의 다른 식품을 섭취한 적이 없는 2세 이하의 남자 아이의 소변. 이러한 나지스(najis)의 정화는 나지스(najs)에 물을 뿌림으로써 이루어진다.

* 모유만 먹은 10개월 미만의 아이의 소변, 인간과 동물의 젖, 정

자와 난자는 나지스가 아니다.

나지스 무타왓씨타(najis mutawassitah)

나지스 무캇파파, 즉 가벼운 나지스 또는 토사물, 고름, 혈액, 와인 및 썩은 고기와 같이 심각한 나지스(najis)의 범주에 포함되지 않는 모든 오물이다. 냄새, 색깔 그리고 맛이 더 이상 나지 않을 때까지 깨끗하고 순수한 물로 나지스(najis) 정화한다.

나지스 아이니(najis 'aini: **확실한 나지스**)

눈에 보이며 느끼거나 또는 냄새를 맡을 수 있는 나지스.

나지스 후크미(najis hukmi: **추상적 오물**)

존재하지만 눈에 보이지 않고, 느끼거나 냄새를 맡을 수 없는 나지스.

다브흐(dhabh)

코란의 아랍어 발음으로 할랄 도축을 다브흐(dhabh) 또는 자브흐라 한다.

다비하(dhabihah)

이슬람법에 따라 도축된 할랄 동물.

담 마스푸흐(dam masfuh: **피의 흐름**)

담(dam)은 피, 마스푸흐(masfuh)는 흐름.

마드합(mazhab: 학파)

학파란 뜻으로 4개의 정통 학파가 있는데 학파 창시자의 이름이 붙여진 말리키, 샤피, 하나피, 한발리 학파가 있다.

마리(mari: 식도)

마크루흐(makruh; 혐오사항)

하나님께서 성인에게 어떤 일을 피하도록 요구하시거나 엄격하게 금하지 않은 것이다. 이를 행하지 아니하면 그에 상응하는 보상을 받으나 이를 행하였다고 해도 그에 대한 대가를 치루지 않는다. 목이 완전히 절단될 때까지 할랄 동물을 도살하는 경우이다. 바람직스럽지 못한 것으로 제품에 대한 소비자의 반감과 관련된 개념이며 일부 무슬림들이 싫어하는 것들이다.

모스크(masjid: 예배하는 장소)

뾰족탑(manarah), 예배의 방향(qiblah), 몸 씻는 곳이 갖추어져 있는 이슬람 성원.

무바하(mubaha: 허용)

어떤 일에 대한 성인의 선택사항으로 행위에 대한 보상이나 행위에 대가는 치루지 않는다.

무스타합브(mutahabb: 권장사항)

요구되는 것이면서도 권장사항에 해당하므로 구속력은 없다. 즉 하나님의 요구를 이행하는 성인은 그에 상응하는 보상을 받지만 이행을 못하거나 하지 못해도 그에 대한 대가를 치루지 않는다. 할랄 동물 도축 직전의 타스미야(bismillah: 하나님의 이름으로) 등이 이에 해당된다.

무쌀라(musalla: 예배장소)

예배를 드리는 장소, 공간 또는 방.

무즈타히드(mujtahid: 법률 해석자)

이슬람에 정통한 학자가 이슬람법 원천의 구체적인 증거를 근거로 이슬람법의 규칙을 도출해 낼 자격이 있는 무슬림.

무칼라프(mukallaf: 성인)

사춘기 및 사리분별을 할 수 있는 나이에 도달한 무슬림으로 이슬람법을 준수해야 하는 나이에 이른 성인.

무프티(mufti)

정부기관에 의해 임명되어 어떤 사안에 대해 이슬람법에 입각하여 파트와(fatwa)를 내리는 무슬림 지도자.

발리그(baligh: 사춘기에 이른 사람)

사춘기에 이른 사람을 가리키며 몽정을 통해 정액을 배출하는 남성이나 월경을 시작하는 여성, 또는 15살이 된 남녀(샤피 학파) 등이 이에 해당된다.

샤리아(shariah: 이슬람법)

하나님께서 제시한 현세와 내세의 천국으로 가는 가장 빠르고 가장 바른 길. 현세에서의 행복한 삶과 내세에서 구원받아 천국에 들어가는 하나님의 전반적인 법률 및 규정. 코란이 헌법이라면 하디스와 순나는 법률에 해당된다. 샤리아는 4가지 법원(法源)을 바탕으로 구성된다.

슈브하(shubha) 또는 마쉬부흐(mashbuh)

할랄인지 하람인지 불분명하여 정확하게 알 수 없는 것 또는 의심스러운 것들이다. 이에 대한 할랄 혹은 하람 판단여부는 이슬람학자들의 해석(fatwa)을 따른다.

알까와이드 알피끄히야(al-qawaid al-fiqhiyyah: 이슬람 법률의 기본원칙)

이슬람 법률의 기본원칙을 말한다. 예를 들어, 모든 사안은 의도(niya)에 근거하며, 할랄(halal)과 하람(haram)이 섞여 있을 경우 하람을 우선으로 하고, 불가항력은 금시되어 있는 것을 허용하게 하는 것 등을 의미한다.

알라(Allah: 하나님)

시작과 끝이 없이 존재하는 완전무결한 절대자 창조주를 지칭하는 코란의 아랍어로 성부 · 성자 · 성령의 삼위일체 하나님(기독교) 혹은 하느님(천주교)이 아닌 성부와 성자를 두지 않는 유일신(One God)으로 예수가 오기 전 태초부터 계셨던 구세주 하나님을 말한다.

알코올(alkhol)

수산기를 가지는 모든 유기화합물로 취하게 하는 알코올과 산업용 알코올의 2가지 범주로 나뉜다. 포도, 대추야자와 같은 과일 그리고 쌀, 밀, 보리 및 옥수수와 같은 곡물의 발효결과로 만들어지는 알코올과 에틸렌의 화학적 합성에 의해 생산되는 산업용 알코올이 있다.

와다자인(wadajain: 경동맥 및 경정맥)

와집(wajib: 의무사항)

행하면 그에 상응하는 보상을 받게 되나 행하지 아니하면 그에 대한 대가를 치루게 된다. 이 범주에 해당하는 것은 이슬람세(zakat) 같은 이슬람의 의무사항이다.

울라마(ulama: 이슬람 학자)

코란과 하디스와 이슬람 지식에 정통한 무슬림 학자.

이스티할라(istihala)

기초 원료로부터 변화·변형된 것들이 사용되어 많은 제품들이 만들어진다. 변화와 변형을 통해서 제조되는 다양한 형태의 제품들을 허용과 금기 차원에서 규정할 때 그 허용의 한계를 일컬어 이스티할라(변형이 허용되는 것)로 간주하고 이 경우 두 가지로 분류하여 허용과 금기를 규정한다. 맛, 색깔 및 향이 다른 새로운 물질로 바뀌는 물질의 변화와 하나의 합성물에서 다른 합성물로의 변형을 포함한다.

이스티할라 사히흐(istihala sahih: 변형이 허용되는 것)

많은 제품들이 기초 원료로부터 변형되어 사용되고 있다. 변화와 변형을 통해서 제조되는 다양한 형태의 제품을 허용과 금기 차원에서 파트와(fatwa)를 할 때 그 허용의 한계를 일컬어 이스티할라로 간주하고 이 경우 두 가지로 나누어 허용과 금기를 규정한다. 허용된 변화는 한 형태에서 자연적인 과정을 거쳐 변형되는 것으로 허용하는 경우와 알코올이 숙성되어 식초가 되는 경우다. 알코올은 하람이지만 자연적으로 변화, 즉 숙성이 되어 알코올 성분이 남아 있지 않는 식초로 변했다면 할랄이 된다.

이스티할라 파시드(istihala fasid: 허용되지 않은 변화)

성질은 변화를 가져왔지만 자연적인 변화가 아니기 때문에 할랄로 인정할 수 없다. 그래서 인공적으로 돼지 창자에서 추출하여 만든 콜라겐, 돼지 쇼트닝을 이용한 비스킷과 같은 경우는 할랄이 아니다.

이슬람(islam: 창조주 하나님에게의 복종)

예언자 무함마드가 창시한 종교가 아니라 태초에 하나님께서 제정한 것으로 인류의 시조인 아담을 비롯하여 노아, 아브라함, 이스마엘, 이삭, 모세, 예수, 무함마드 등 하나님의 택함을 모든 예언자들이 믿어온 종교.

이즈마(Ijma: 합의)

사도 무함마드의 사망 이후 코란과 하디스 및 순나에 근거한 특정 결정에 관한 이슬람법 해석자들의 만장일치 합의.

이즈티하드(ijtihad: 법률해석)

무즈타히드, 즉 이슬람에 정통한 이슬람 무슬림 학자가 이슬람법 원천의 구체적인 증거를 근거로 이슬람법 규정을 도출해 내려는 모든 노력.

잘랄라(jalalah)

하람 동물의 부산물이 들어간 사료를 할랄 동물에게 먹일 경우 그 할랄 동물은 불결한 것이 되어 이슬람식 도살(dhabh)에도 적합하지 않고 따라서 할랄 육류로 볼 수 없다는 것이 보편적이 파트와다. 반면에 어떤 가축을 불결한 것으로 간주하려면 그 동물이 오물 속에 살면서 주로 오물을 먹이로 해야 한다는 파트와도 있다. 이처럼 오물 및 거름 더미와 더불어 살면서 주로 오물을 먹고 사는 동물의 상태를 아랍어 발음으로 '잘랄라'라고 한다.

카므르(khamr)

인간의 정신을 흐리게 하거나 취하게 하거나 몽롱하게 하는 것들.

칼(khal)

식초.

코란(Quran: 경전과 법)

창조주 하나님께서 가브리엘 천사를 통하여 사도 무함마드에게 아랍어로 계시하신 하나님의 말씀으로 이슬람법의 첫 번째 법원(法源).

타스미야(tasmiyah)

비스밀라 아르라흐만 아르라힘(bismillah ar-rahman ar-rahim: 자비를 베푸는 가장 자비로우신 하나님의 이름으로) 문구를 가리키는 말로 일상생활에서는 줄여서 비스밀라(bismillah: 하나님의 이름으로)로 주로 사용되지만 할랄 동물을 도살 및 도계할 때는 비스밀라, 알라후 아크바르(bismillah, Allah akbar: 가장 위대하신 하나님의 이름으로)를 사용하는 것이 보편적이다.

파트와(fatwa: 이슬람 전문가들의 유권해석)

코란, 하디스 및 순나, 이즈마, 끼야스에 근거하여 정부기관에 의해 검증된 권위 있는 이슬람 학자들에 의한 유권해석.

피끄흐(fiqh: 이슬람 법학과 지식)

증거에 근거하여 성인(mukallaf)에 의해 도출된 인간의 행위와 관련된 이슬람법과 지식.

하디스와 순나(Hadith & Sunnah: 언행과 전통)

사도 무함마드의 말씀, 행위, 무언의 승인, 묵인 또는 예언자 인물과 전통에 관한 전승기록으로 이슬람법의 두 번째 법원이며 이슬람 규범 및 규정의 상술서.

하람(haram: **금기사항**)

창조주께서 절대적으로 금지한 것으로 이에 연루되거나 행하는 자는 현세와 내세에서 그에 상응하는 창조주의 벌을 받으며 이에 연루되지 않거나 행하지 않을 경우에는 그에 상응하는 보상과 축복을 받는 것들로 할랄과 반대되는 개념이다. 이 범주에 해당하는 것은 음주행위나 이슬람식으로 도축되지 않는 육류를 먹는 것 등 이슬람이 금기하고 있는 것들이다.

하야툴 무스타끼르라(hayat al-mustaqirrah)

도축 및 도계 시점에 살아 있거나 살아 있는 상태. 도축할 때와 도축 후 움직임으로 생기는 피의 분출로 살아 있다는 징후를 알 수 있다.

할꿈(halqum: **기도**)

후두(larynx)를 폐의 기관지 부분과 연결하는 튜브 모양의 호흡관 구조.

할랄(halal)

창조주께서 허용한 합법적인 것으로 인간의 내적인 정신생활과 외적인 일상생활에 유익한 것으로 식품, 육류, 화장품, 건강식품, 의약품, 콘텐츠, 경제, 금융 등 모든 분야에 적용된다. 이를 행하면 현세와 내세에서 그에 상응하는 보상과 축복을 받으며 행하지 아니해도 그에 대한 대가를 치르지 않는 것들이다.

할랄란 따이반(halalan tayiban: **허용된 것들 중에서 좋은 것**)

하나님께서 허용한 것 중에서도 품질이 좋고, 영양이 있으며, 안전하고 건강에 유익한 것.

후쿰 타클리피(hukum taklifi: **법률적 규범**)

성인에게 어떤 일을 의무적으로 행하거나 금지하도록 하는 요구 또는 이 두 가지 사이에서의 선택으로 5가지 규범이 있다.

과일(Fruits)

풍성한 과일을 맛 보다: (43:73)

온갖 종류의 과일이 있는 곳: (47:15)

과일을 먹으라: (77:42-43)

금지된 음식(The Prohibited Foods)

죽은 고기: (2:173) (5:3) (6:145) (16:115)

동물의 피: (2:173) (5:3) (6:145) (16:115)

돼지고기: (2:173) (5:3) (16:115)

하나님의 이름으로 도살되지 않는 고기: (2:173) (5:3) (6:121, 145) (16:115)

제단에 바쳐진 음식: (2:173)

야수에 물려 죽은 동물의 고기: (5:3)

목을 조여 죽인 동물의 고기: (5:3)

때려서 죽인 동물의 고기: (5:3)

떨어져 죽은 동물의 고기: (5:3)

서로 싸우다가 죽은 동물의 고기: (5:3)

점술로 잡은 동물의 고기: (5:3)

금지된 음식이지만 허용되는 경우(When the Prohibited are Allowed)

기아상태로 생명이 위독할 때: (2:173) (6:145) (16:115)

모든 꽃에서 일용할 양식을 취하라 하시다: (16:68)

벌의 몸에서 나오는 것은 인간에게 유익한 치료약: (16:69)

선한 행위(Good Deeds)

선행에 대한 곱절의 배상: (4:40)

선행에 대한 열 배의 보상: (6:160)

선행은 주님의 보상을 받을 것: (2:277) (18:46)

선행의 사례들: (4:36,74)

의무를 다하는 것: (5:1)

화를 내지 않는 것: (3:134)

부모에 대한 효도: (4:36)

고용인들을 잘 대우하는 일: (4:36)

배고픈 사람에게 음식을 제공하는 일: (76:8)

고아에게 음식을 제공하는 일: (76:8)

포로들에게 음식을 제공하는 일: (76:8)

용서하는 일: (2:109)

감사하는 일: (2:152)

겸손한 자세: (7:55)

시선을 아래로 낮추는 것: (24:30-31)

이웃에 친절을 베푸는 것: (4:36)

인내하는 것: (2:45) (11:11)

당사자 간에 중재하는 일: (4:114) (49:9)

의심을 하지 않는 것: (49:12)

술(Wine)

술에는 죄악과 인간에게 유용한 것이 있으나 죄악이 더 크다: (2:129)

음주행위는 사탄이 행하는 것, 불결한 것: (5:90)

술은 예배생활을 방해하는 사탄과 같은 것: (5:91)

천국에는 술이 흐르는 강이 있어: (47:15)

죄수가 술을 짜는 꿈을 꾸다: (12:36)

감옥의 죄수가 짠 술이 갈증을 식혀 줄 것이며: (12:41)

천국의 술이란: (56:19)

천국에서 마시는 가장 좋은 술중의 하나인 카푸르 술: (76:5)

악한 행위(Evil Deeds)

간음과 간통: (17:32)

거만한 언행: (2:34,87) (4:173) (7:36,40,75) (10:75)

오만한 언행: (7:48,88) (14:21)

중상모략: (49:11-12)

의심하는 것: (49:12)

비웃음: (49:11)

실수에 대한 실망: (39:53)

음주행위: (2:219) (5:93)

도박: (2:219) (5:93)

질투와 시기: (111:5)

술책과 기만: (40:24)

헛된 논쟁: (23:3) (74:45)

저울눈금을 속이는 것: (83:1-3)
저속한 별명으로 부르는 것: (49:11)
거짓말: (25:72)
도둑질: (5:41)
알지 못하고 따르는 행위: (17:36)
사치: (7:31)
과식: (7:31)
낭비: (17:26-27)

음식(Food)

음식에 대한 가르침: (5:4)
기쁜 마음으로 선용: (5:69) (77:43)
허용된 음식과 금기된 음식: (2:168,172-173) (5:2,4-6,90-91) (6:118-119,121)

이자(Riba: Interest)

이자를 받는 자는 악마가 스쳐 정신을 잃은 자: (2:275)
이자의 금지: (2:275, 278) (3:130)
이자를 받는 자는 하나님의 사랑을 받을 수 없다: (2:276)
이자소득과 상거래 소득은 같을 수 없어: (2:275)
금지된 이자를 받는 자는 하나님의 징벌이: (4:161)

장사(Trade)

장사는 합법적인 거래: (2:275) (4:29)

장사를 위해 하나님 경배하기를 소홀해서는 아니 되며: (24:37) (62:11)

가장 축복받은 장사: (61:10-13)

천국에 있는 과실과 음식(Fruits and Foods in the Paradise)

종려나무 열매와 포도: (17:91) (55:68)

맛과 색이 변하지 않는 우유: (47:15)

두통이 없으며 기쁨을 주는 술: (47:15)

꿀: (47:15)

조류의 고기: (56:21)

온갖 과실들: (77:42)

바나나: (56:28)

석류: (55:68)

향기가 좋은 카푸르 술: (76:5)

참고문헌

1. OIC/SMIIC :2011 General Guidelines on Halal Food.
2. Food Hygiene Basic Text. Food and Agricultural Organization of the United Nations, World Health Organization, Rome, 2001 The Codex.
3. General Guidelines for use of the term Halal CAC/GL 24-1997, The Codex.
4. Gulf Standards Specification GSO 0000/2008, Halal Food Part (1) General Requirement.
5. Halal Food Pbd 24:2007, Brunei Darussalam Standard.
6. Halal Industrial Standards - Published by JM food Products Company Illinois.
7. Halal Standard Requirements and Measures for Halal Quality—BAS 1049:2007, Bosnia and Herzegovina.
8. ISO 9001:2005 Quality management systems—Requirements.
9. MS 1500:2004 Halal Food-Production, preparation, Handling, And Storage-General Guidelines, Malaysia.
10. Guidelines for use of Brunei Halal Brand - Ministry of Industry and Primary Resources Brunei Darussalam.
11. ES:4249/2003 "Requirements And Provision for Labelling Halal Food—Arab Republic of Egyptian Organization for Standardization and quality".
12. SASO 2172 "General Requirements for Halal Food", Saudi Arabia.

13. GSO 993/1998 "Animal Slaughtering requirements according to Islamic law".
14. The Presidency of Religious Affairs of the Republic of Turkey, Library—Catechism II "Islam and Society".
15. TS 5273:1987 "Butchery Animals-Rules for Slaughtering and Carcass Preparation", Turkish Standard.
16. TS 5925:1988 "Poultry-Rules for Slaughtering and Carcass Preparing", Turkish Standard.
17. TS 668:2007 "Beef-Carcasses", Turkish Standard.
18. YS 794/2004, "Animal Slaughtering requirements according to Islamic law", Yemeni Standard.
19. 최영길 저, 이슬람문화(도서출판 알림, 1999).
20. 최영길 역, 하디스 40선(도서출판 신생사, 1982).
21. 최영길 역, 성 꾸란 의미의 한국어 번역(파하드 국왕 코란 출판청, 1988).
22. 최영길 역, 무함마드 어록 200선(도서출판 알림, 2001).
23. 최영길 역, 예언자 무함마드의 언행록 1-3(도서출판 알림, 2010).
24. 최영길 역, 이슬람의 허용과 금기(세창출판사, 2011).
25. 최영길 저, 나의 이슬람문화 체험기(한길사, 2012).
26. 한국관광공사, 무슬림 관광 유치 안내서(한국관광공사, 2016).
27. 최영길 역, 이슬람 지식 1-2(도서출판 알림, 2017).

찾아보기

최영길

한국외국어대학교 아랍어과 학부와 석사과정에서 아랍어를 전공하였으며 사우디아라비아 왕립 이슬람대학교 학부과정에서 이슬람학을 전공하고 수단 움두르만 이슬람 국립 대학교에서 한국인 최초로 이슬람학 박사학위를 받았다.

사우디아라비아 제다 이슬람문화원에서 아랍어와 이슬람 담당 전임교수로 근무하였고 이맘 무함마드 이븐 사우드 왕립대학교 초청객원교수, 명지대학교 인문대학장, 중 · 고등학교 아랍어 국정교과서 교재 편찬 심의위원, 숲사랑청소년단 이사장, 국제자연환경 교육재단 이사장, 태평양 및 동남아시아 이슬람회의기구 집행이사, 그리고 IMAX 벤처기업과 LG전자 자문교수로 있었다. 서울대학교, 연세대학교, 서강대학교에서 이슬람관련 과목을 강의하였고 재단법인 한국이슬람교 사무총장과 할랄위원장을 지냈다. 현재는 명지대학교 아랍지역과 명예교수, 메카에 본부를 두고 있는 전 세계 이슬람총연맹 최고회의 위원, 재단법인 한국이슬람교 이사장, 한국할랄산업학회 회장으로 있다.

꾸란의 의미 번역을 비롯하여 예언자 무함마드, 인간 무함마드, 다양한 이슬람 이야기, 무함마드의 언행록, 아랍어-한글 사전, 꾸란 어휘사전, EBS 입에서 톡 아랍어, 이슬람문화, 아랍에서 출발한 이슬람역사와 문화, 꾸란과 성서의 예언자들, 이슬람의 허용과 금기, 초보 무슬림을 위한 길잡이, 이슬람 지식, 인생교과서 무함마드 등 76편의 아랍어와 이슬람 관련 역서와 저술을 두고 있다.

1970년도에는 대통령 메달을 받았고, 1986년에는 서울 아시아올림픽 조직위원회 포상, 2009년에는 사우디아라비아 압둘라 국왕 국제번역상을 수상하였으며 2013년에는 대통령 표창 그리고 2014년에는 국가 녹조근정훈장을 받기도 하였다.

코란과 하디스에 근거한
최초 원료에 대한 파트와 & 할랄 인증 조건과 절차
-
초판 인쇄 2017년 9월 5일
초판 발행 2017년 9월 15일
-
저 자 최영길
발행인 이방원
-
발행처 세창출판사
신고번호 제300-1990-63호
주소 03735 서울시 서대문구 경기대로 88 냉천빌딩 4층
전화 723-8660 팩스 720-4579
이메일 edit@sechangpub.co.kr
홈페이지 www.sechangpub.co.kr
-
값 25,000원

ISBN 978-89-8411-715-0 03210